# Convivência saudável

Antonio Boeing

# Convivência saudável

## A condição humana
## e as escolhas necessárias

Paulinas

**Dados Internacionais de Catalogação na Publicação (CIP)**
Angélica Ilacqua CRB-8/7057

> Boeing, Antonio
> Convivência saudável : a condição humana e as escolhas necessárias / Antonio Boeing. - São Paulo : Paulinas, 2022.
> 120 p. (Coleção Educação em foco)
>
> Bibliografia
> ISBN 978-65-5808-146-3
>
> 1. Ciências sociais 2. Educação 3. Filosofia 4. Sociedade I. Título II. Série
>
> 22-1490                                                          CDD 300

Índice para catálogo sistemático:
1. Ciências sociais

1ª edição – 2022

Direção-geral: *Flávia Reginatto*
Editora responsável: *Andréia Schweitzer*
Coordenação de revisão: *Marina Mendonça*
Copidesque: *Mônica Elaine G. S. da Costa*
Revisão: *Ana Cecilia Mari*
Gerente de produção: *Felício Calegaro Neto*
Produção de arte: *Tiago Filu*

*Nenhuma parte desta obra poderá ser reproduzida ou transmitida por qualquer forma e/ou quaisquer meios (eletrônico ou mecânico, incluindo fotocópia e gravação) ou arquivada em qualquer sistema ou banco de dados sem permissão escrita da Editora. Direitos reservados.*

**Paulinas**
Rua Dona Inácia Uchoa, 62
04110-020 – São Paulo – SP (Brasil)
Tel.: (11) 2125-3500
http://www.paulinas.com.br – editora@paulinas.com.br
Telemarketing e SAC: 0800-7010081
© Pia Sociedade Filhas de São Paulo – São Paulo, 2022

"O bom da vida é se encantar...
por quem encanta a gente!"
Rita Simões

A minha esposa Lica
e a meus filhos Lucas e Camila,
solidários na busca do ser saudável.

# Sumário

Prefácio ..................................................................................................11
Introdução .............................................................................................13
1. Aprender da trajetória histórica ....................................................17
2. Decodificar a realidade ..................................................................25
3. Reavivar a memória........................................................................33
4. Assimilar referenciais ....................................................................43
    Família ............................................................................................ 44
    Igreja ...............................................................................................45
    Escola ..............................................................................................46
    Estado ..............................................................................................46

5. Desenvolver o humano...................................................................51
    Desenvolvimento pré-natal – intrauterino ......................................52
    Desenvolvimento no primeiro campo – simbiose mãe/filho(a) .....55
    Desenvolvimento no segundo campo – familiar ............................57

6. Ser e conviver social .......................................................................61
7. Construir a autonomia ...................................................................67
    No nível social.................................................................................67
    No nível institucional ......................................................................70
    No nível familiar .............................................................................72

8. Encantar a vida ...............................................................................75
9. Significar a transcendência ...........................................................81
10. Saber fazer escolhas........................................................................87
    Roubo do tempo alheio – gera perdas para o outro.......................88
    Roubo de expectativas – gera perdas ao outro e para si mesmo...............89
    Roubo de informações – gera perdas para os "cegos" ..................90
    Roubo de prestígio – gera perdas pela fofoca e pelas más-línguas ..........91
    A saída é o *tsedaká* = justiça/caridade ........................................91

11. Revelar o ser saudável .................................................................... 95
    Corpo/físico ................................................................................... 102
    Social/relacional ............................................................................ 103
    Psicológico/afetivo ........................................................................ 104
    Intelecto/racional .......................................................................... 104
    Espiritual/interior ......................................................................... 105
    Amor/fé ........................................................................................ 106

    Ainda algumas considerações finais ............................................ 109
    Referências bibliográficas ............................................................. 113

# PREFÁCIO

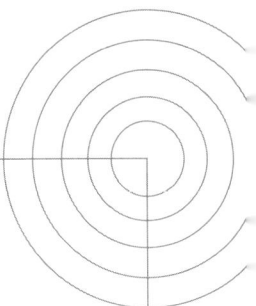

Antonio Boeing é, para mim, e creio que para dezenas de pessoas que o conhecem de pertinho, alguém que faz jus à epígrafe que abre seu novo livro: é uma pessoa encantadora. Encanta-nos por sua fiel alegria, encanta-nos por sua lucidez que dialoga com quem quer que seja. É das poucas pessoas que, ao dizermos de boca cheia "esse é meu amigo", já sabemos que conquistamos uma graça de Deus. São os que Bertolt Brecht chamava de "gente imprescindível".

Esse homem encantador nos oferece onze apetitosos capítulos em seu livro. São capítulos breves, didáticos e serenos que descortinam um horizonte no qual somos cutucados e estimulados a adentrar vias, códigos, memórias e suculentas reflexões que nos despertam e convidam para um dedo de prosa. Eu me vi conversando em muitas páginas com Antonio, colocando perguntas e divagações. Depois do texto lido, a gente fica matutando por muito tempo. A linguagem fluida e direta mexe com a gente. Gosto disso. Eu leio para acordar e não adormecer.

Há uma sensação de leveza didática, diria até pedagógica, de quem fala do que crê e vive. Este livro certamente é fruto maduro de uma vida entregue ao pensamento, sobretudo ao pensamento reflexivo e crítico, daquele que não se contenta com mentiras e demagogias. Tudo isso está conectado ao ditado latino: *Mens sana in corpore sano* – "Ter a mente sadia em um corpo sadio".

A leitura do livro nos faz viajar pelo atual mundo em crise, sem ofender, sem distrair, sem fugir, penetrando nas zonas escuras da vida e lançando a nesga de luz necessária para esticar as esperanças. Antonio Boeing nos tira da inércia paralisante para a aventura do viver. Ao ler sua obra transitamos por vários campos do saber: filosofia, antropologia, psicologia, pedagogia, discurso religioso, culminando no debate atual da arte do bem viver, expresso com serenidade de quem se vê no outro e reconhece o "nós" que fortalece a pessoa e seu lugar no mundo. Ser saudável, segundo Antonio Boeing, é uma decisão inegociável por aquele que se vê, vive e se faz gente que muda o mundo, mudando-se pela leveza e pela autenticidade. Como escreveu Antonio: "Enquanto há vida, há possibilidades".

Grato, amigo Antonio! A leitura de seu livro me fez uma pessoa melhor e mais saudável. Repito para você uma frase bonita de meu avô Guilherme, ao elogiar as coisas saborosas cozinhadas por minha avó Bernardina: "Isso tem gosto de quero mais".

Abraços saudáveis e inegociáveis.

*Prof. Dr. Fernando Altemeyer Junior*
Filósofo, teólogo e cientista social.
Chefe do Departamento de
Ciências Sociais da PUC-SP

# INTRODUÇÃO

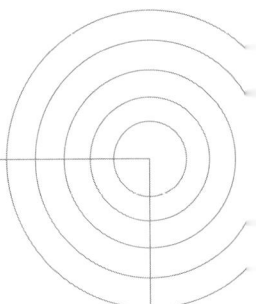

Na atualidade, as mudanças na sociedade ocorrem em várias dimensões e cada vez mais rápidas, o que exige do ser humano constante inovação nos processos educacionais. São perceptíveis as riquezas que a inovação traz, mas elas também revelam muitos desafios para a construção da identidade humana na sua integridade. Há muitos acertos na formação das futuras gerações, como também dos seres humanos que já caminham há mais tempo neste mundo. É possível constatar as maravilhas que as ciências proporcionam para a qualificação da vida humana nas suas diferentes dimensões. Mas, por outro lado, é possível também perceber que ainda há muito por aprender, descobrir, inventar, desvendar, pois inúmeros mistérios da vida ainda não foram decodificados e, talvez, demore um pouco até se ter a compreensão daquilo que parece impossível.

Inúmeros são os estudos, nas diferentes áreas do saber, que apontam a falta de sentido na vida de grande parte da população brasileira e mundial. Sentido não alcançado tanto nos processos educativos como também nas diferentes demandas e ações no decorrer da vida. A falta de sentido talvez se apresente como uma das dimensões que mais comprometem a vida, seja por depressão, invisibilidade, humilhação social, baixa autoestima, dependência familiar, social e química, seja, infelizmente, pela mutilação e eliminação da própria vida. Basta ver o crescente número de suicídios atingindo cada vez mais adolescentes e jovens. A pergunta que surge é: onde estamos fragilizados nos processos educativos familiares, escolares ou sociais? Como entender, se muitos desses suicídios acontecem nas "melhores" escolas e famílias, com boa infraestrutura, bons professores, bons pais, bons projetos pedagógicos e até "boas religiões"? A não realização do ser humano cria um grande ônus para o conjunto da sociedade. Inúmeros recursos e tempo gastos para reparar os danos criados pela falta de sentido e direcionamento na vida poderiam ser utilizados para prevenção, cuidado e antecipação em qualificar a vida na sua complexidade, isto é, tecer juntos a vida com sentido na sua integridade.

Toda ação humana sempre está fundamentada em uma concepção antropológica, e é ela que determina a maneira de lidar e se relacionar com o diferente. As aproximações entre os povos na história da humanidade criaram muita estranheza diante do diferente; às vezes se enriqueceram mutuamente e em outras circunstâncias uns dominaram, submeteram ou eliminaram os outros. Quando se observa a história do continente americano, é possível perceber que não foi diferente, pois os colonizadores pensavam que a vida havia começado com a chegada deles, como se não houvesse uma longa história anterior construída por diversos povos. Na história é possível verificar que houve um imenso esforço, por parte dos que detinham o poder, para padronizar em único modelo as diferentes formas de organizar a vida. Modelo esse não como resultado da interação das múltiplas culturas, mas, antes, de uma cultura particular que buscava impor-se sobre as outras, como se fosse um bem para toda a humanidade.

Diante disso, emerge o desafio de ir ao encontro do diferente para não se ficar preso a uma única cultura, pois o sectarismo e o fundamentalismo, além de inviabilizarem a percepção dos próprios limites, deixam cego o ser humano em relação às outras formas de organizar a vida. A compreensão da diversidade cultural possibilita ir além daquilo que se julga "evidente", bem como permite a observação de que as sociedades diferentes não são "idênticas" entre si, mas sim se apresentam não só diferentes entre si como também na visão do observador. Há uma diversificação cultural participando da mesma humanidade. Essa percepção, mesmo que crie estranheza, rompe com a ideia de que há um centro do mundo, provoca uma ampliação do saber e a mudança própria. Sobre esse processo, o pesquisador Roger Bastide afirma: "Eu sou mil possíveis em mim; mas não posso resignar-me a querer apenas um deles". A abertura para a diferença rompe a concepção "provinciana" e amplia as possibilidades de construção da identidade. Claro que não é possível trilhar todas as possibilidades e nunca a visão será total, porém, quanto mais se ampliar o olhar, tanto mais será possível optar pelo essencial.

A perspectiva do diálogo traz à tona a necessidade de superar a lógica da identificação, percebendo a diferença, a dialética, a complementaridade e a reciprocidade como caminhos para a lógica do diálogo em todos os momentos e em todas as direções. O ser humano, dada a sua construção cultural tanto etnocêntrica quanto egocêntrica, tem dificuldade de aceitar a diferença. Por isso, o diálogo na diferença é extremamente exigente, porque é preciso abrir mão de posições para poder enriquecer-se do potencial do outro e, então, também poder enriquecê-lo. Para efetivar essa aprendizagem, os processos educativos têm grande responsabilidade e contribuição a dar.

A educação caracteriza-se como espaço para ajudar o ser humano a entrar na vida, com a capacidade para interpretar os fatos mais importantes relacionados quer com seu destino pessoal, quer com o destino coletivo. Tem também a função de abrir possibilidades para fazer opções, isto é, fazer escolhas e atingir a autonomia. Nesse processo, o maior desafio é o de aprender a viver juntos, desenvolvendo o conhecimento acerca dos outros, da sua história, tradições e espiritualidades. O relatório da Unesco sobre educação para o novo milênio confirma isso: "Vivermos juntos em harmonia deve ser o fim último da educação no século XXI". Para atingir isso, há um longo caminho ainda por ser feito, pois, como bem afirmou Nelson Mandela em vários de seus discursos: "Ninguém nasce odiando outra pessoa pela cor de sua pele, pela sua origem ou, ainda, pela sua religião. Para odiar, as pessoas precisam aprender, e, se podem aprender a odiar, podem também aprender a amar". E, nesse processo, é importante considerar que é a transmissão cultural que produzirá, no cotidiano, vida ou morte. A compreensão desse dinamismo sensibiliza não só para o cuidado do ser humano para que seja saudável como também para a garantia da vida da biodiversidade do planeta.

Dessas preocupações e possibilidades nasce o compromisso humano de uma "convivência saudável"; para isso, é necessária uma "decisão inegociável". E só o olhar para a condição humana é que garantirá as escolhas essenciais para formar o ser saudável. É sobre essa condição que a reflexão a seguir irá se pautar, porque as possibilidades existem ou podem ser criadas, mas, para qualificar a vida, é preciso fazer escolhas. Daí emerge a responsabilidade central do ser humano, que é a de ampliar as possibilidades de organização da vida individual e coletiva. Esse caminho é possível com atitudes que busquem: aprender da trajetória histórica, decodificar a realidade, reavivar a memória, assimilar referenciais, desenvolver o humano, ser e conviver no social, construir a autonomia, encantar a vida, significar a transcendência e saber fazer escolhas, para, então, revelar o *ser saudável*. É esse o caminho que esta reflexão se propõe a trilhar; caminho centrado na condição humana e nas escolhas necessárias.

# CAPÍTULO 1
# Aprender da trajetória histórica

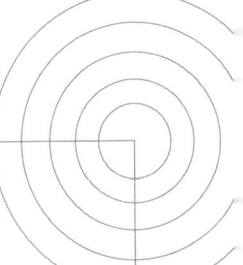

> "Tudo menos a inércia, o mal dos males,
> o que mais vexa a dignidade humana."
> Goethe

Toda ação educativa ocorre dentro de uma realidade e se efetiva em um contexto determinado pelas contradições e riquezas que perpassam a organização da vida individual e coletiva. Em cada realidade educativa é preciso compreender as mudanças e seus impactos sobre a organização da vida, para que ela possa ser saudável ou menos patológica. Por isso, a reflexão a seguir aponta os aspectos importantes da história a serem considerados para a compreensão das mudanças atuais, especialmente a busca do ser humano na tentativa de organizar a vida e a sociedade, superando a pura racionalidade, com os desafios decorrentes dessa escolha, e também de apontar perspectivas de vida saudável.

A cultura ocidental, durante séculos, buscou padronizar o ser humano, identificando-o com um modelo "monocultural" que tinha como meta enquadrar as diferentes formas de se posicionar no mundo. Essa cultura gestada, em parte, pelo cristianismo, unificado com o poder imperial romano, teve como um dos referenciais a cultura helenística, que dividia o ser humano em corpo e alma. Essa concepção, a qual priorizava a alma, influenciou e definiu a maneira de viver e sistematizar normas, leis e princípios em diferentes espaços. Esse quadro cultural foi se consolidando, principalmente, na segunda metade do primeiro milênio da era cristã, até a Idade Média europeia, quando então se impôs como modelo hegemônico. Essa maneira de pensar e agir também se expandiu para as novas terras colonizadas, até então não conhecidas, a partir daqueles que se julgavam "o centro". Grande foi o engano dos que chegaram às "novas terras", especialmente, pelo seu desconhecimento, pois inúmeros outros povos já marcavam sua presença ali com uma história milenar de como se acomodar a elas, adaptá-las a seus medos, angústias, incertezas, e também ordená-las a seus sonhos, desejos, busca de transcender, em uma dinâmica de criação que rompia, quando julgavam necessário, os limites das regras estabelecidas.

Nesse modelo de sociedade, até meados do século XVI, os fenômenos naturais e sociais basicamente eram analisados pela ótica da religião, com uma prática que fortalecia as instituições religiosas e as impulsionava como lugar de destaque na determinação de grande parte da organização social. Olhar as pessoas, instituições e sociedades apenas a partir da perspectiva religiosa resultava, muitas vezes, em uma visão fundamentalista, com pouco espaço para mudanças. A partir dessas concepções, muitas pessoas e grupos que buscaram uma diferenciação na compreensão tanto do ser humano quanto das instituições sociais e religiosas foram banidos, desqualificados, ocultados ou até queimados publicamente. Esse modelo deteve intenso controle sobre as ações e determinou o agir até meados do século XVI, quando as reações, de diferentes perspectivas, foram gradativamente gestando um novo movimento de mudança na forma de pensar a vida com mais autonomia; movimento que mais tarde foi denominado de "modernidade".

O termo "modernidade" expressa características que o modo de vida dos povos foi adquirindo ao longo dos últimos cinco séculos da era cristã. Emergiu um novo jeito de ser que passou a valorizar o sujeito e a se contrapor ao totalitarismo do Estado, da sociedade, da técnica, dos costumes, de ideias, valores, arte, moral e religião. A partir da consciência crítica, o ser humano assume como bandeira principal a busca de autonomia, liberdade, igualdade, fraternidade e democracia. Consegue, então, se distanciar das instituições e vai gestando, gradativamente, outra maneira de se colocar no mundo. Com isso altera as concepções que tinha de si mesmo, da sociedade e da religião. O caminho para explicar "os porquês" das coisas não passava mais pela religião, mas sim pelos avanços científicos, nas diferentes áreas do conhecimento; postura essa que rompe com a concepção teocêntrica, isto é, Deus não é mais o centro de organização da vida. Esse fenômeno possibilita a emancipação do ser humano, que alarga seus horizontes de visão e passa a conhecer o mundo pela ciência, com seus diferentes olhares, e daí organiza os espaços de vida centrados na racionalidade e não mais, necessariamente, na religião.

O núcleo da modernidade está no fato de o ser humano conseguir tomar distância crítica de si mesmo, de seu passado, de seus mitos e crenças, de suas narrativas, alcançando maior compreensão racional e, consequentemente, tornando-se protagonista dos projetos e direcionamentos da história. A consciência que a humanidade foi adquirindo, a partir de suas demandas, acaba por colocá-la no centro e, em torno dela, passa-se a definir o sentido e o objetivo da existência. Esse movimento revela novas dimensões para o ser humano, que começa a questionar, a viver mais inquieto, insatisfeito com a realidade; daí, busca novas maneiras de se adequar, considerando seus interesses, desejos, preocupações, medos, necessidades, sonhos e utopias. Foram mudanças significativas, mas, em um processo lento, também se consolidaram e passaram novamente a se apresentar como único modelo. Essa é uma dinâmica que se constata na história, em que os avanços criativos, em inúmeros momentos e contextos, passaram novamente a ser geradores de exclusão da diferença, de destruição e guerras. Vários autores, de diferentes áreas do conhecimento, que se debruçaram sobre essa dinâmica individual e social, concluíram disso que nenhuma organização e sociedade mantém o fervor da mudança, porque logo caem novamente na "rotina" e na "absolutização" das novas concepções e práticas, que acabam neutralizando o espírito inovador e transformador da esperança.

O movimento da modernidade buscou acolher a existência humana na sua diversidade. Mesmo assim passou a efetivar uma proposta de formação do humano, muitas vezes, alheia às questões essenciais do cotidiano. Nessa dinâmica organizacional, a razão foi instrumentalizada pela ideologia do sistema, controlada por uma "elite" que buscava novamente impor uma única forma de se colocar no mundo. As concepções de sociedade passaram a ter como bandeira a expressão do movimento da modernidade: "penso, logo existo", sistematizada por René Descartes, que, sem dúvida, contribuiu para a vida de um ser humano com mais autonomia, pois superava a concepção vigente do "creio, logo existo". Esse novo posicionamento possibilitou avanços significativos para o ser humano, mas, por outro lado, as contradições do processo de "civilização" e "colonização" transformaram o lema do movimento moderno em "conquisto, logo existo". Esse movimento estava centrado em um "elitismo" que considerava a salvação do mundo e desconsiderava os seres humanos concretos com seus modos próprios de organizar a vida, ao buscar dar respostas a suas aspirações, necessidades e utopias. Essa postura estava muito presente nos colonizadores deste continente, que se julgavam superiores aos povos que viviam nestas terras. Os brancos "civilizados" contra os "não civilizados", especialmente índios e negros, que foram considerados incapazes de pensar e, consequentemente, de desenvolver obras civilizatórias.

O fundamento antropológico, que definiu a concepção do dominador, tinha como ponto de partida o princípio da negação do "outro", porque, segundo a visão dominante, o diferente "não é", já que, na sua forma de agir, o dominador não conhece nem tem interesse em conhecer as regras e a organização social cultural com a qual ele entra em contato. Essa concepção do colonizador dominador, que nega o outro, é uma das mais perversas, porque, quando se nega o outro, é muito simples e basta apenas um passo para a sua eliminação. Uma vez que o outro "não é", a sua humilhação, dominação, exclusão, eliminação, até mesmo de maneira violenta, é apenas uma questão de encontrar o momento oportuno. E o pior, dentro dessa concepção, é que a eliminação do diferente passa a ser considerada como um "bem" para a coletividade. Os dominadores, por seu pensamento e sua visão, muitas vezes, consideraram como sendo uma grande glória o fato de o diferente aceitar as suas concepções e as consequentes imposições. Os relatos de Hernán Cortés, um dos maiores assassinos dos povos indígenas durante a conquista no Novo México, confirma essa concepção. Quando escreve para o rei de Espanha, afirma:

> Durante um mês, com cem homens a cavalo, destruímos, incendiamos, arrasamos mais de três mil povoados indígenas, matamos homens e mulheres, arrebentamos os miolos das crianças nos muros ou cortamos na espada, e, para a glória de Cristo, nenhuma baixa sofremos.

A perversidade dessa concepção, ainda mais quando legitimada em princípios religiosos equivocados, permite pensar que a brutalidade que foi feita era um "bem" para a humanidade, protegendo-a dos "malvados", dos não benquistos, dos intrusos. Sendo assim, não possibilita perceber o resultado dessas ações, como registrou Miguel Léon-Portilla (1984), ao resgatar o olhar do ponto de vista dos indígenas, expresso no lamento dos povos astecas, que retrata seu sofrimento imensurável:

Nos caminhos jazem dardos quebrados; os cabelos estão espalhados. Destelhadas estão as casas, incandescentes estão seus muros. Vermes abundam por ruas e praças, e as paredes estão manchadas de miolos arrebentados. Vermelhas estão as águas, como se alguém as tivesse tingido, e se as bebíamos, eram água de salitre. Golpeávamos os muros de adobe em nossa ansiedade e nos restava por herança uma rede de buracos. Nos escudos esteve nosso resguardo, mas os escudos não detêm a desolação... Deixem-nos, pois, morrer, deixem-nos perecer, pois nossos deuses já estão mortos!

A partir dos registros históricos é possível verificar que inúmeras foram as vítimas e que, infelizmente, mesmo diante de tal calamidade, os opressores dormiam em "paz". Pela falta do princípio moral, achavam que fazia um bem para a humanidade, tal é a perversidade dessa concepção antropológica, que nega o direito de igualdade na diferença. O fato de se retomar essa concepção, entendida como perversa, se justifica porque ela continua a determinar muitas das relações na atualidade, em que os fundamentalistas, os sectários e os intolerantes buscam garantir seu lugar de dominação e, por isso, de todas as formas, empurram o diferente para a invisibilidade, para a clandestinidade e para a consequente humilhação e exclusão social.

Outro limite da racionalidade sectária é a tentativa de enquadrar toda a vida dentro do esquema econômico, manipulando todas as dimensões da vida, como arte, festas, ideias, trabalho, esporte, lazer e religião, transformando-as em mercadoria. A vida passa a centrar-se no ter e não no ser. O valor do ser humano está fora de si mesmo, identificando-o com as coisas que possui. Não sendo possível ampliar a quantidade dos bens materiais, cresce a frustração e o desencanto. O desencanto tem marcado a sociedade na atualidade e, consequentemente, atinge drasticamente a essência do ser humano, na sua forma de organizar e dar sentido à vida.

O avanço da modernidade abriu caminhos para o capitalismo, que, em um processo gradual, deslocou o centro do ser humano para o mercado. Esse sistema valoriza excessivamente o trabalho e a propriedade privada. O trabalho passa a relacionar-se ao dinheiro e a ser importante para o desenvolvimento e a formação da personalidade. Nessa lógica, o mercado assume o centro e exerce uma função ideológica, política, psicológica, social e religiosa. Segundo o teólogo Hugo Assmann (1989), o mercado, além de tornar-se o centro, é envolto por uma auréola "sagrada" que rege a humanidade. O único caminho apresentado para se "salvar" é o de ajustar-se plenamente às exigências mercadológicas. Isso leva a uma crise de sentido, que, segundo o sociólogo e historiador Richard Sennett (2001), desencadeia a corrosão do caráter, pois concentra as potencialidades humanas basicamente no ter, opção que destrói a identidade individual e coletiva, além de dificultar a construção de relações saudáveis. Esse modelo fundamentado nos desejos consumistas se sobrepõe às necessidades e, por isso, gera uma crise de projetos alternativos, massas excluídas, desencantamento, destruição do planeta, individualismo e fragmentação da identidade, sobressaindo apenas a ideologia do sucesso. Um modelo econômico que não se preocupa com a justiça.

A análise da trajetória histórica do povo brasileiro demonstra que as diferentes matrizes e expressões culturais não ficaram alheias aos avanços do capitalismo, que, em um processo gradual, foi invertendo a lógica da vida, a qual estava centrada nas relações de efetiva solidariedade, para a lógica dos negócios comandados pelo mercado, isto é, passa da centralidade do ser para a submissão à posse de coisas. Esse sistema valoriza excessivamente a propriedade privada em detrimento de outras dimensões importantes para a construção da identidade de indivíduos e sociedades saudáveis.

Trata-se de um modelo econômico que não se preocupa com a justiça e muito menos com os que encontram dificuldades de entrar e encontrar um lugar na lógica do mercado. Dessa lógica decorre a competição, o exibicionismo, o querer ser mais do que o outro, e se extinguem, em grande parte, os gestos de gratuidade que eram tão frequentes. Claro que ainda há muita solidariedade entre as pessoas, nas comunidades, nas rodas de conversa, na partilha de algum alimento ou bebida, como também nas visitas a parentes, amigos, doentes. Pelas inúmeras práticas humanistas, ainda é possível verificar que os valores apreendidos dos antepassados sobrevivem mesmo com a avalanche individualista contrária.

É preciso reconhecer que, na história de nosso país, muitas regras e modos de vida foram impostos por alguns poucos que, em certos momentos, dominaram a grande maioria da população e exigiram a submissão ao que eles determinavam. Sem dúvida, essa postura gerou dominação e exclusão, porque os que se julgavam superiores não consideraram a riqueza do diferente, com seu jeito próprio de organizar a vida. É importante também considerar que sem regras não há como organizar a vida coletiva, mas elas devem resultar de uma postura ética que procure contemplar e incluir todos os envolvidos. Impulsionada pelas mudanças, em um processo muito acelerado, a sociedade atual, em grande parte, proclama sua independência propondo viver sem regras. Essa concepção cria uma sociedade individualista e caótica. Daí a importância da interdependência para a organização social, em que há participação efetiva de todos os envolvidos. Essa dimensão será aprofundada no decorrer desta reflexão, tendo em vista a construção do ser saudável, a partir de escolhas que são necessárias.

CAPÍTULO 2
# Decodificar a realidade

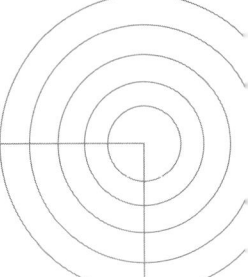

> "Quem tem por que viver
> aguenta quase todo o como."
> Nietzsche

O que se constata na sociedade brasileira, na atualidade, é que tanto o modelo de sociedade fundamentado na dependência, que gera dominação, como aquele centrado na independência, que gera individualismo, não foram suficientes para contemplar as diferentes dimensões da vida. Por isso, torna-se urgente desencadear práticas que ampliem a autonomia do ser humano, para que este seja capaz de atuar na interdependência. A construção de uma sociedade cooperativa e sustentável só será possível mediante relações que considerem a interdependência. Por outro lado, não há autonomia ou independência plena, porque na organização da vida individual ou social sempre há interdependência de uns com os outros, inclusive dos que já nos antecederam na história. Sendo assim, é importante considerar que tudo tem a ver com tudo, em uma permanente interdependência. Daí a importância do resgate das riquezas do passado, pois é a partir delas que será possível dar sentido e esperança para a dinâmica da vida. Não se trata de voltar a viver como em outros tempos, mas também não se pode abandonar tudo; é necessário assegurar o essencial, como bem expressa o dito popular: "Ao pegar a gamela com água, após o banho da criança, não dá para jogá-la pela janela junto com a água suja". É preciso segurar a "criança", isto é, o essencial deve ser preservado, e o que não for relevante se joga fora.

Constata-se, como já foi analisado, que na atualidade há um imenso esforço por parte dos que detêm o poder, especialmente econômico, no sentido de padronizar as diferentes formas de organizar a vida, dentro de um padrão único. Padrão este que não é resultado da interação das múltiplas culturas, mas, antes, de uma cultura particular que busca impor seu projeto sobre as outras, como se fosse o único bem para toda a humanidade. Nesse sentido, o que se globaliza na atualidade é um modelo particular que, em muitos contextos, cria uma situação caótica por desestabilizar, desestruturar e inverter a ordem e os valores existentes.

Quanto mais desestruturada uma realidade, tanto mais fácil se torna a imposição de um modelo que dê segurança e organize a vida, mesmo que não seja para qualificá-la e potencializá-la. Verifica-se também na atualidade, que, mesmo os projetos que não são denominados como religiosos, acabam se revestindo de uma linguagem religiosa e, dessa forma, convencem e fazem adeptos em um processo muito acelerado. São estruturas que, por se fundamentarem na ideia da existência de uma entidade divina, se contrapõem ao dinamismo vital, favorecem apenas alguns poucos e legitimam a exclusão de outros. Na prática, criam o encanto e fascinam; por isso, encontram adesão e determinam, em grande parte, o direcionamento da vida individual e social.

Impulsionado pelo ritmo da vida moderna, o ser humano, no geral, tem uma atitude de "onipotência" ou "impotência" que leva a inúmeras patologias, precedidas pelo mau humor, o estresse, a infelicidade e a falta de sentido. Tanto os que se julgam onipotentes quanto os impotentes não se perguntam sobre os rumos da história. Tendo presente questões importantes, como: "Para onde vamos? Qual a direção? Aonde vamos chegar com esse modelo de cultura, modelo econômico e social?", as possíveis respostas geram atitudes que afetam a organização e o direcionamento da vida nas suas diferentes dimensões. O caminho que se apresenta não é o da onipotência, da sensação de ser como deuses, nem da impotência, marcada profundamente pela culpa, mas, antes, o do equilíbrio entre esses extremos, que só é possível pela responsabilidade. Sem responsabilidade não há como fazer um direcionamento saudável da vida individual e coletiva.

O sociólogo Wright Mills (apud ALVES, 1999), analisando as questões relacionadas aos rumos da sociedade atual, compara a humanidade a uma multidão que navega pelos mares. Afirma ele:

> Nos porões estão os remadores. Remam com muita precisão. Cada dia com novos remos, perfeitos, sofisticados, que possibilitam acelerar as remadas. Mas os remadores, ao serem perguntados sobre o ponto de

destino, respondem: "O porto não nos importa. O que importa é a velocidade com que navegamos".

A sociedade centrada no consumismo não se pergunta sobre o porto. O porto é o que menos interessa ao mercado, pois sua única preocupação é vender "remos". Segundo Zygmunt Bauman (1998), é o "líquido moderno", a "sociedade líquida", o "amor líquido", isto é, a ausência de forma que resulta do processo de mudanças, no qual conta a velocidade e não sua durabilidade, consistência e direção.

Ao constatar essas mudanças, é possível verificar, na atualidade, um processo de: desregulamentação (as regras que valiam passam a não valer); desdogmatização (verdades que eram inquestionáveis são deslegitimadas); desmitologização (referenciais intocáveis são destronados); desregionalização (os valores regionais são considerados ultrapassados); desenculturação (a tradição cultural é desconsiderada); e desvinculação (tudo é passageiro e os encontros são apenas funcionais). O resultado desse processo é a desestruturação, que cria desorientação nas diferentes dimensões da vida. Estar atento a esse processo não significa perpetuar a tradição, pois é preciso buscar um equilíbrio entre a ordem e a desordem. A questão é que, com as mudanças muito rápidas, o ser humano fica perplexo e, no geral, desencadeia a impotência e o desencanto.

O que se constata é que a desestruturação da vida dos indivíduos, grupos ou sociedades cria uma crise que, como afirma o economista Luis Afonso Martinez Cachero (1986), pode ser entendida como uma

> situação grave da vida social, quando o curso dos acontecimentos alcançou um ponto em que a mudança é iminente, para o bem ou para o mal, a partir da perspectiva do bem-estar humano; nessa situação a capacidade de direção do controle social é incerta.

Diante disso, no geral, as sociedades em crise tomam duas atitudes: fixar-se no já estabelecido, reforçando as estruturas tradicionais, ou optar pelo alternativo como forma de garantir a sobrevivência. Ora, a sobrevivência parece ser o eixo central em torno do qual se articulam a maior parte das ações no cotidiano. Sobrevivência que é ameaçada pelo estado de anomia, expressão da desorganização das situações sociais em que as próprias normas estão em conflito e o indivíduo tem dificuldade de situar-se a partir de suas exigências. De um estado de anomia, criado pela crise, resulta normalmente o conflito em que indivíduos e grupos utilizam todos os recursos possíveis, fazendo desaparecer na sua ação as fronteiras do religioso, do político, do econômico e do social. Sobressai, condicionado pelo contexto, o que possibilita a ordenação da vida, pois, como afirma Peter Berger (1985), "a mais importante função da sociedade é a *nomização*", porque é o *nomos*, as normas e regras, que põe ordem no caos. Por isso, favorece a superação da crise e possibilita o encanto do mundo.

Esse processo não é tão pacífico, porque o sonho de consumo produz medos e pesadelos na sociedade, com todas as suas consequências. Bauman (1998), ao analisá-lo, afirma que toda sociedade elabora fantasias que ameaçam a identidade, as quais, na prática, são apenas a projeção de si mesma. Essa dinâmica se expressa no fechamento em si e no medo do outro, do diferente. Os "demônios interiores" projetados nos outros criam pânico. Diante disso, verifica-se a ampliação do pensamento mítico, idealista e espiritualista, que, para se sustentar, cria organizações hierarquizadas, sectárias e dominadoras.

O ser humano, ao criar deuses semelhantes a si e atribuir a eles sua própria pequenez e sentimento de fraqueza, covardia, vingança, violência e brutalidade, tem cometido inúmeros equívocos, inclusive legitimando milhares de mortes. Essa concepção fragmenta o ser humano e o dinamismo integral da vida. São fantasias que ampliam a sensação de impotência e levam o ser humano a habitar fora de si e fora do mundo. Como afirma Rubem Alves (1988), "quanto maior a sensação de não poder, maior a emigração para a esfera mítica". Dessa postura resulta a expectativa de que uma força superior virá resolver os problemas individuais, familiares e sociais. Esta concepção deixa estagnado o ser humano e inviabiliza seu protagonismo na recriação do mundo, levando-o apenas a cumprir preceitos e normas que reforçam ainda mais sua miséria, impedindo a compreensão integral da vida. Constata-se, mesmo em ambientes distantes dos grandes centros urbanos, um forte impacto desse processo sobre indivíduos e instituições, seja nas relações cotidianas que ficam comprometidas, seja na elaboração de projetos de vida individual, familiar e social.

Emerge, então, um novo movimento, chamado por alguns pesquisadores de "pós-modernidade", que vem questionar e retomar o lado "revolucionário" meio esquecido. A pós-modernidade critica o estabelecido, mas tem dificuldades em apontar caminhos para um futuro diferente. As mudanças nunca criam homogeneidade, pois sempre permanece o anseio da heterogeneidade, que questiona os modelos, retoma o esquecido e propõe algo novo. Muitas vezes a crítica ao estabelecido é extremamente relevante, mas tem dificuldades em se consolidar como viabilidade para um futuro diferente. Mas, de qualquer forma, tem uma validade, porque questiona no sentido de resgatar a individualidade, a autonomia, o sentido do lúdico e do prazer. O desencantamento do mundo cria uma perplexidade e impulsiona o ser humano a tomar atitudes diferenciadas: alguns partem para a violência e entendem ser a única possibilidade para garantir a vida; outros voltam para "casa" e passam a cuidar de suas coisas, isto é, rendem-se ao individualismo e ao consumismo; e outro grupo, talvez menor, faz "a política do possível", isto é, assume uma posição protagonista, desenvolvendo uma crítica construtiva e proativa.

É diante desse quadro que se coloca a questão da identidade e da formação do ser humano saudável, com seus processos de qualificação da vida. É a gestação de instituições que não sejam fragmentadas, mas que contemplem as dimensões da vida, como a biológica, psicológica, relacional, intelectual, social, e também considerem o lugar primordial da dimensão transcendental. Nesse processo, sem dúvida, as novas gerações têm muito a aprender das que as antecederam e construíram a história. É a condição humana que anseia pela aprendizagem. Aprendizagem que se dá em um processo permanente no decorrer de toda a vida.

Em grande parte, a produção cultural, na atualidade, é criada e organizada para ser substituída rapidamente. A vida é pensada a "curto prazo". Inclusive, a educação, em muitas instituições, é entendida também como um produto de consumo imediato. Seleciona-se, do "mercado educacional", apenas o que interessa momentaneamente, perdendo-se de vista a função social da educação. As mudanças na sociedade atual atingem os diferentes segmentos sociais, desestabilizam princípios e normas, criam e impõem novas formas de pensar, escolher e atuar. Nesse processo, mesmo as instituições com longa trajetória histórica não estão isentas, pois sofrem impactos e suas estruturas são questionadas e, em inúmeras situações, deslegitimadas. As novas práticas que emergem da pluralidade de expressões e manifestações colocam em cheque as instituições, especialmente, a hegemonia religiosa, e, consequentemente, seu modelo de atuação sofre profundas interferências.

Se, por um lado, é possível perceber os avanços significativos nas diferentes maneiras de o ser humano organizar a sua estadia no mundo, por outro, verificam-se os retrocessos que comprometem o desenvolvimento saudável do ser humano, desde a sua diferença. Parece que os equívocos do desconhecimento, da ignorância, como também da arrogância, renascem como se fossem uma "vontade divina", que gera as mesmas desgraças ou piores do que aquelas já produzidas em outros tempos.

A base da intolerância, do sectarismo, da frieza psicopata está na autorreferência, na autoverdade, na autoglorificação, em que são desconsiderados os saberes acumulados historicamente, especialmente a percepção da complexidade da vida, isto é, de que só é possível ser humano a partir do *complexus*, do tecer juntos a dinâmica da vida. Agir com base na autoverdade inviabiliza o conhecimento dos fatos, pois eles não interessam; o que tem valor são as narrativas que legitimam a postura de quem julga ser o portador da verdade, de uma verdade que ele acredita ser "sagrada". Como são atitudes patológicas, focadas apenas nos próprios objetivos, acaba-se usando de todos os meios para atingir os fins desejados, nem que para isso seja preciso comprometer ou até tirar a vida do outro, do que pensa e age diferente da visão que supostamente se arroga como sendo a "correta". Como os portadores dessas ações são insensíveis, não se abrem àquilo que é real e não tomam consciência dos seus malefícios.

O fechamento em torno das próprias posições inviabiliza o pensar e, pela cegueira intelectual, afetiva e espiritual, são incapazes de perceber que os avanços na forma de organizar a vida exigem rupturas, escolhas, que dão o direcionamento para novas formas de se colocar no mundo. Essa postura gera a indiferença em relação ao outro, em relação aos dramas humanos, porque falta a sensibilidade que alcance compreender a humanidade, e é legitimada pela ideia de que "o outro não me importa, pois eu me importo comigo, eu me basto". Isso traz consequências drásticas para a sobrevivência tanto do ser humano como do planeta.

Se, por um lado, cresce a insensibilidade humana, por outro, é possível constatar em diferentes países, nos quais a tecnologia está na dianteira, que há uma sensibilização da tecnologia, em que os robôs estão cada vez mais sensíveis, com características muito próximas do humano. Eles cuidam de idosos, de asilos, onde o índice de satisfação dos que são cuidados é muito alto, porque afirmam que não são agredidos, mas, ao contrário, são atendidos nas suas solicitações, respeitados em seu ritmo, especialmente ao andar, além de suas histórias serem ouvidas com toda atenção, mesmo que repetidas inúmeras vezes. Daí os que são cuidados se perguntam: por que voltar a ser cuidado por humanos? Na mesma direção vão as empresas que já disponibilizam robôs para velórios, inclusive com serviços religiosos, para conduzir as orações, mantras, bênçãos, conforme a tradição religiosa do ente que partiu ou de sua família. Essa opção revela que acompanhar o falecido é como perder tempo diante de tantos outros afazeres. É a tecnologia humanizada, próxima dos anseios e angústias do cotidiano, em que muitas vezes falta a razão e o sentido de existir. Estas práticas podem até fazer muito bem para os que mais necessitam ser amparados, mas o problema persiste, pois é a "baixa humanidade" que torna o ser humano insensível à dor, ao sofrimento e à falta de sentido do outro, como também indiferente às conquistas e aos momentos de celebrações da vida. Uma verdadeira inversão de valores que tem consequências por intensificar as patologias humanas. Se há algo que cria um buraco na alma é a indiferença, o não ser percebido, a humilhação e a inexistência social.

A identidade das pessoas e das instituições sociais são criações historicamente humanas, por isso podem ser modificadas, recriadas e gestadas com base na dignidade de cada ser humano. Claro que a efetivação disso depende de escolhas e decisões humanas, para então desencadear relações saudáveis. Para que o ser humano, gradativamente, construa sua identidade e sociedades saudáveis, é necessário assumir a responsabilidade na condução da própria vida e da sociedade. O ser saudável pode parecer estranho para quem segue a normalidade patológica, mas não há outra opção senão assumir os desafios e as possibilidades e, então, colocar-se a caminho.

CAPÍTULO 3

# Reavivar a memória

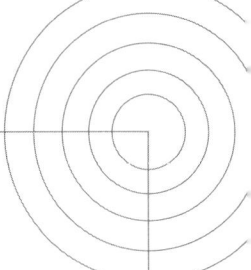

> "O que pensávamos ser o futuro está em débito conosco.
> Para superar a crise, temos de 'voltar ao passado',
> a um modo de vida imprudentemente abandonado."
> Zygmunt Bauman

No contexto atual, constatam-se profundas transformações que atingem diferentes aspectos da organização da vida e deixam o ser humano perplexo. Diante dessa realidade, surgem inúmeras questões, dentre as quais se destacam:

- Como sintonizar-se com os reais problemas da humanidade?
- Como lidar com as mudanças globais e seus efeitos nos vários setores da sociedade?
- Como articular as diferentes dimensões da vida pessoal, comunitária, profissional, religiosa e social?
- Há razões para existir?
- Qual o sentido da vida?

Essas e inúmeras outras interrogações estão presentes na dinâmica da vida, dependendo do contexto, com maior ou menor intensidade.

O ser humano procura de uma forma ou de outra responder às suas perguntas, às questões que o incomodam. O que se observa é que, inúmeras vezes, as interrogações que o ser humano se coloca estão focadas em questões secundárias. Se as questões não estiverem corretas, isto é, centradas no essencial, não há como acertar o rumo da vida de forma que faça sentido. Daí é preciso considerar que, para um efetivo avanço na construção da identidade do ser humano saudável, não basta, como afirma o psiquiatra Wilhelm Reich (1990), aceitar a proposta da sociedade de consumo e assumir como projeto de vida apenas "colocar um sofá ou um colchonete velho na prisão"; é necessário, sim, romper os cativeiros culturais para que a vida possa, então, fluir. Reich faz uma crítica à sociedade que organiza sua vida apenas para consumir, ressaltando que essa atitude dá um pequeno alívio na ansiedade e até parece melhorar a vida, mas na realidade possibilita apenas uma pequena movimentação dentro da prisão, chegando, no máximo, a dar alguns passos até o "quintal".

Nessa mesma linha de pensamento e reflexão, o escritor Nilton Bonder (1998) afirma que há uma tendência do ser humano em permanecer e se acomodar no mundo "estreito", no "miúdo", no "restolho", no pequeno da vida, porque tem dificuldade de romper o estabelecido, vislumbrar e caminhar em direção a algo novo. Nesse caso, o resgate rígido da memória, com seus princípios e orientações de como organizar a vida, pode atrapalhar e inibir o ser humano de levantar-se e colocar-se a caminho rumo a novas fronteiras, onde a vida possa fluir com mais naturalidade. Quando a tradição exerce essa função, a transgressão ao estabelecido é benéfica, porque, se por um lado a identidade se espelha na fidelidade à tradição, por outro, ela avança pela desobediência, que neste caso é positiva, pois possibilita sair do acampamento, da estagnação, da acomodação, da desolação, que abandona até os "bons" sofás e colchonetes e efetivamente se põe em "marcha". Supera o comportamento do animal satisfeito, porque "o animal satisfeito apenas dorme". A insatisfação, a incompletude, o inacabamento são o combustível para colocar-se em pose, desacampar e caminhar.

A história tem demonstrado que o ser humano busca organizar a vida pelos caminhos que ele julga serem os mais fáceis, mas o que se tem verificado é que nem sempre são as melhores alternativas. O fácil é muito próximo do não esforço, é a atitude legitimada pela concepção de que é "bom" estar aqui, ou "está bom do jeito que está", a vida é "assim mesmo" – ideias que paralisam o potencial humano. Outros se propõem mudar a realidade como ela se apresenta, mas tomam o caminho equivocado da violência, que acaba levando, além da destruição do outro, também à própria autodestruição. Há ainda os que agradecem a seus deuses por não se encontrarem na condição dos outros que eles julgam estar em uma situação inferior; até pior, louvam a seus deuses por não ser como "eles" – posturas que geram a indiferença diante da vida, inclusive diante da dor e da morte do outro.

Em termos de qualidade de vida, só há avanços se o ser humano agir não a partir de concepções ideológicas sectárias, mas compreendendo os múltiplos ritmos de vida e percebendo a importância e relevância de cada um. O que se propõe pelo viés totalitário é que todos entrem no mesmo padrão e maneira de organizar a vida, passem a gostar das mesmas coisas, submetam-se ao já estabelecido, isto é, "dancem" a mesma música. O problema central está no perfil dos que se apresentam como "modelos", pois eles lidam e "dançam" muito mal os ritmos que julgam ser obsoletos, comprovando a insatisfação deles e que, talvez, também preferissem outro ritmo, mas lhes falta coragem para arriscar uma mudança. Por isso, a memória dos princípios e valores, de como o ser humano deve ser e agir, necessita ser submetida ao crivo racional, em que se pergunte: "Aonde se pretende chegar? O que é essencial na trajetória? A quem beneficia?". Aí vale olhar a história, porque ela tem demonstrado que, por melhor que seja um projeto de mudança, se não estiver articulado com outras frentes contrárias à estrutura sedutora e fascinante vigente, as propostas que visam a outra forma de organizar a vida, focada no essencial, não sobrevivem.

Em uma sociedade não tão dinâmica como a sociedade urbanizada da atualidade, as tradições passavam de pai para filho com poucas mudanças. Nesses contextos, o grupo familiar ou social transmitia as suas crenças que sustentavam a visão e o estar no mundo. Esperava-se que as novas gerações assimilassem e seguissem aquilo que já havia sido testado, experimentado, por isso já estabelecido como norma de conduta. Atuavam a partir da concepção de que não havia motivo para agir ou querer ser diferente; portanto, era preciso agilidade para neutralizar o ímpeto dos que queriam transgredir alguma norma.

Em uma sociedade complexa como a atual, é diferente, pois há inúmeras ofertas de significações e as diferentes visões de mundo disputam os indivíduos, grupos e instituições. Em uma sociedade plural há grande variedade de ofertas de bens simbólicos, sendo possível cada um escolher e se beneficiar daquilo que é apresentado em uma lógica extremamente competitiva. Nesse universo, cada ser humano busca satisfazer as próprias necessidades, escolhendo os produtos que mais lhe convêm, segundo seus desejos, e não necessariamente como resposta a suas reais necessidades. É "permitido" experimentar e fazer escolhas "livremente". Claro que as escolhas nem sempre são tão livres, pois há um condicionamento, quando não uma imposição. Mas, mesmo assim, os filósofos nos alertam que não dá para abrir mão da liberdade de fazer escolhas, porque terceirizar as escolhas significa "mau-caratismo": o ser humano pode tentar isentar-se de sua responsabilidade, mas, sem dúvida, ele é corresponsável e conivente com as escolhas equivocadas que acabam por comprometer a própria vida e da grande maioria da humanidade.

Pessoas e grupos frágeis na sua identidade têm a tendência de buscar ou criar instituições autoritárias, porque estas acabam por suprir, ao menos em parte, as carências, por oferecerem, segundo sua ótica, mais segurança. Os indivíduos vulneráveis no seu existir sentem-se potencializados ao ingressarem em instituições que definem com maior força a maneira de agir e ser, pois escondem sua insegurança e frágil identidade. Daí se observa que o limite entre a impotência e a onipotência é muito tênue, porque tanto indivíduos como instituições, para esconder sua debilidade, mostram um comportamento que ressalta uma atitude que não corresponde à sua realidade, pois têm bases muito débeis e frágeis. A onipotência nada mais é do que a atitude que camufla a impotência humana e, para superar sua realidade, atua no sentido de "patrulhar" os vários espaços sociais, tendo em vista uniformizar e padronizar a diferença; para atingir seus fins, não tem escrúpulos em utilizar estratégias antiéticas e violentas. Quanto mais frágil um indivíduo ou uma instituição, maior é o movimento para criar "hereges", "inimigos"; daí que o fortalecimento da identidade não se dá pelo potencial que possui, mas sim como defesa contra os supostos articuladores do mal e opositores do bem.

A articulação com pessoas, grupos e instituições que buscam romper os sectarismos dominadores, por mais desafiadora que seja pelos conflitos decorrentes do processo, é, sem dúvida, o caminho para fortalecer a esperança e a efetivação da vida. É um caminhar contínuo, pois nem sempre se concretiza o que se espera, mas é preciso seguir, como afirma o psicólogo e antropólogo Carlos Rodrigues Brandão (1988):

> O mundo que eu desejo nunca vem, mas eu não me canso de fazer, da espera dele, o sentido da vida. E, de manhã à noite, submeto o prazer de viver o meu dia – o sol, o amor, o amigo, a vida – ao dever de construir o que não vem. Mas virá.

Essa consciência alimentada pela esperança evita que os caminhos que foram abertos e conduzem para novos horizontes se tornem novamente estreitos. É muito difícil manter o fervor motivador da mudança, porque sempre se acaba caindo em uma rotina; daí a necessidade de uma vigilância para não se desviar do "porto", onde se pretende chegar, mas que tem de servir como novo ponto de partida. A vida oscila entre efervescência e rotina; rotina como relaxamento necessário para carregar novamente as energias para desencadear novo tempo de empoderamento, que avança na direção da vida mais saudável. Assim se segue sucessivamente, passo a passo, de conquista em conquista, de ganho em ganho, e as perdas servindo de aprendizagem permanente.

É fundamental manter a consciência de que a vida é superior às situações de perda e morte, pois, mesmo que aparentemente a perda e a morte derrotem o ser humano e as diferentes formas da vida se manifestem, gerando uma sensação de caos, ela ressurge de múltiplas maneiras. Considerando a perspectiva do resgate das possibilidades de vida, Jacob Levy Moreno (1984), dialogando sobre a existência com outros pensadores em um período de muito desencanto, pós-Segunda Guerra Mundial, reagiu à desesperança de muitos deles que utilizavam o verso de Thomas Stearns Eliot para caracterizar o momento: "Este é o modo como o mundo acaba. Este é o modo como o mundo acaba. Este é o modo como o mundo acaba. Não com estrondo, mas com choradeiras e lamentos". Diante do pessimismo presente na realidade, Moreno afirmou que o verso de Eliot, anunciando o fim, era adequado quando o mundo ia dormir, pois expressa a desistência da vida, mas, segundo ele, é oposto quando ele acorda; por isso registrou: "Este é o modo como o mundo começa. Este é o modo como o mundo começa. Este é o modo como o mundo começa. Não com lamentos, mas com um estrondo". É a confiança de que, por mais caótica que possa parecer uma realidade, há sempre possibilidades de recomeçar e seguir. Portanto, é preciso transcender sempre, porque esse é o modo como o mundo começa, não com lamentos, mas como uma explosão da ordem estabelecida, que se encaminha para uma nova ordem, consequentemente com outro estrondo, outra ordem e assim sucessivamente.

Uma das grandes tentações da humanidade na atualidade é a perda da memória. Diminui o interesse das novas gerações sobre quem foram os antepassados e quais foram seus feitos. Hoje, se for perguntado para alguém sobre quais foram suas gerações anteriores, dificilmente se chegará ao conhecimento da geração dos tataravôs, muito menos das gerações anteriores a eles. Darci Ribeiro (2015) escreve que encontrou indígenas que conheciam cem gerações de antecedentes e conclui que talvez na clareza dessa memória estivesse a força da resistência que garantiu a sobrevivência de muitos povos indígenas, apesar de sofrerem mais de quinhentos anos de massacre e exploração. Isso nos inspira para o conhecimento dos antepassados de cada realidade habitada: quem foram os pioneiros? O que fizeram? Como viviam? O que faziam? No que acreditavam?

Sem dúvida, poucos sabem algo sobre os que construíram e deram rumo à história. Desse modo, é indispensável para a sociedade brasileira resgatar aquelas pessoas que fizeram história, para que seja possível oferecer às novas gerações, e também aos já adultos que também estão em processo de construção da sua identidade, referenciais significativos que transcendam a mesmice apresentada pela mídia, que foca e divulga sempre mais do vazio e da insignificância das "celebridades". É preciso se contrapor aos modelos apresentados pelo mercado consumista e descartável, mas isso só será possível com o conhecimento de referenciais que possam encantar e envolver as gerações da atualidade. É grande o desafio de encontrar frestas no contexto social para projetar a memória que tenha consistência e esteja carregada de vida pautada na ética, a fim de que seja assimilada e resulte no bem de toda a coletividade.

Um povo sem memória perde o rumo da história e torna a vida sem sentido. Assim sendo, é de fundamental importância atualizar as riquezas do passado em uma atitude de reflexão/ação, ação/reflexão permanentes. Além de resgatar as riquezas históricas, também é necessário aproximar as utopias e os sonhos do cotidiano da vida. Esquecer o passado impede a visualização do futuro, pois a preservação da memória é condição tanto para a identidade como também para a unidade de um grupo. Tanto o passado como o futuro influenciam decisivamente o presente. A memória é um trabalho coletivo, é uma tarefa social, como afirma o sociólogo Maurice Halbwachs (apud Rivera, 2000): "A memória individual é um ponto de vista sobre a memória coletiva". Mas, de qualquer forma, é importante, porque cada um, a partir de sua sensibilidade e capacidade, revela sua originalidade. Claro que essa memória não é autônoma nem neutra, mas está sempre perpassada pelo coletivo.

Não há ser humano que abarque a totalidade da realidade, pois ele sempre capta de um ponto de vista, como afirma o teólogo Lauri Emilio Wirth (1995):

> É partir de um lugar-comum lembrar que a memória histórica é sempre seletiva. Ela recolhe fatos e processos de acordo com determinadas intenções e os interpreta a partir de lugares hermenêuticos específicos. A memória recolhe fragmentos da história. Fragmentos que recebem seu valor e sua relevância de acordo com postulados e teorias dominantes no espaço e no tempo de sua recuperação. É por isso que a elaboração da memória é processo infinito.

Isto se dá porque a realidade presente é extremamente dinâmica e são sempre novos os agentes, como também suas perguntas. Nesse sentido, é preciso sempre considerar que a memória é uma reconstrução feita a partir do presente. Nessa perspectiva, Paulo Freire (2004) afirma que:

> [...] quem observa o faz de certo ponto de vista, o que não situa o observador em erro. O erro na verdade não é ter certo ponto de vista, mas absolutizá-lo e desconhecer que, mesmo do acerto de seu ponto de vista, é possível que a razão ética nem sempre esteja com ele.

Logo, quanto maior o processo dialogal que se estabelece no presente, no nível individual, grupal, institucional ou social, maiores serão as possibilidades de "acerto" e criatividade.

O risco de moldar o passado a partir do presente é real, porque, como afirma o filósofo Jacob Levy Moreno (1984), a memória registrada nada mais é do que uma "conserva cultural", que se consolida para não se perder no curso da história. A única forma de contato com essa conserva é a partir do presente com todas as inquietações, contradições, interesses e necessidades. A conserva cultural, por si só, tem pouca ou nenhuma vitalidade, pois ela pode permanecer nos arquivos e não ter nenhuma incidência no presente. A memória arquivada terá influência no presente a partir das reconstituições feitas a partir de cada contexto e momento histórico determinado.

A base para construir o futuro reside precisamente no "espaço e tempo" entre o que deixou de ser e já não é mais e aquilo que não é ainda.

Não dá para continuar da forma como era antes, enquanto os novos caminhos ainda não são, pois estão sendo feitos, ainda em protótipos. Esse é um grande desafio na atualidade: entender o tempo presente como um *continuum* permanente. Quanto mais próximos do presente estiverem e forem aproximadas as riquezas históricas, como também os sonhos do futuro, maiores serão as possibilidades de efetivação de relações saudáveis.

A influência da memória é muito grande, por isso ela tem de ser assertiva, porque fica impregnada, como afirma o sociólogo Maurice Halbwachs (apud Rivera, 2000): "Todo indivíduo continua sentindo a influência da sua sociedade, mesmo se distanciando dela". Por isso, parte da memória presente na vida das pessoas, mesmo vivendo em diferentes lugares do país ou do mundo, segue condicionada pelas aprendizagens realizadas historicamente, ainda que o novo contexto abra outras perspectivas para seguir organizando e dando sentido à vida.

O ser humano não cria originalmente nada, porque toda criação se concretiza a partir daquilo que já foi criado. O que ocorre é que a assimilação do que foi criado permite o enriquecimento da experiência e, sem dúvida, agrega algo novo, que é a contribuição criativa. Ter esperança é indispensável para que a vida possa fluir. Isso só será possível se a memória estiver sempre soprando seus saberes e sabores sobre cada contexto e momento da história. Memória que impulsiona para aquilo que ainda não está na memória, como afirma o escritor Eduardo Galeano (1989):

> Diego não conhecia o mar. O pai, Santiago Kovadloff, levou-o para que descobrisse o mar. Viajaram para o sul. Ele, o mar, estava do outro lado das dunas altas, esperando. Quando o menino e o pai enfim alcançaram aquelas alturas de areia, depois de muito caminhar, o mar estava na frente de seus olhos. E foi tanta a imensidão do mar, e tanto seu fulgor, que o menino ficou mudo de beleza. E quando finalmente conseguiu falar, tremendo, gaguejando, pediu ao pai: "Me ajuda a olhar!".

O desafio na atualidade é que cada pessoa e instituição contribuam para que todos possam ver o mundo menos "esfumaçado". Para isso é preciso que cada um saia de si, mas também traga o mundo para dentro de si. Claro, o mar não cabe dentro do menino, mas isso não importa, pois o mais importante é o fascínio que estimula o caminhar em direção a ele. Daí para frente ele, o mar, fará parte da vida do menino em todos os momentos e lugares. Não dá para fazer de conta que ele não foi internalizado. Ele emite seu movimento fascinante a cada uma das novas ações que farão parte da vida do menino.

Reavivar a memória ajuda a viver com maior humildade, entendendo que o sol não nasce porque alguém assim o quer, mas sim porque ele segue brilhando independentemente da "insignificante" presença humana. Mas se deve entender que, mesmo a partir da insignificância, é possível fazer a diferença e organizar a vida em continuidade aos que já se antecederam na história, sem perder o foco no essencial. A realidade atual se apresenta cada vez mais complexa; daí a necessidade de resgatar a esperança para que cada ser humano, a partir de sua especificidade, dê sentido a suas ações e, assim, justifique e dê sentido à razão do existir.

# CAPÍTULO 4
# Assimilar referenciais

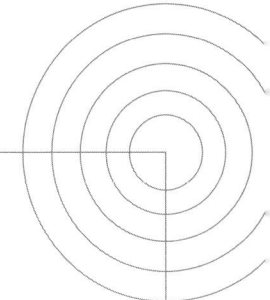

> "Gente da gente, precisa de referências boas da gente, como gente! Para aprenderem a tornar-se gente boa."
> Ytsuo Yang

A formação do caráter é o resultado do acesso de cada indivíduo a múltiplos referenciais, que possibilitam a assimilação de elementos para a construção do ser. Diversas áreas do conhecimento reconhecem que não há outra maneira de tornar-se humano, ao menos da forma como se conhece o humano na sociedade atual, a não ser através de referenciais, a partir dos quais ele possa adotar padrões de conduta e de organização da vida. Os referenciais possibilitam o desenvolvimento permanente das potencialidades humanas, pois dinamizam o processo de adoção de saberes, ativam o processo de experimentação no cotidiano e abrem possibilidades para a criação de novos padrões culturais.

Os saberes criados nos diferentes contextos e tempos só sobrevivem historicamente se forem institucionalizados. Por isso, o ponto de partida da expressão cultural se dá a partir da experiência individual ou coletiva; porém, para que tenha adesão, é necessário gradativamente ir criando uma estrutura com valores, princípios, regras, normas, compromissos e definição de papéis. O saber tem de ser organizado dentro de estruturas que garantam a transmissão de uma geração a outra, como também possibilitem a sua chegada a diferentes lugares do planeta.

O reconhecimento da instituição como dimensão sociológica é indispensável, porque é ela que possibilita a construção da identidade humana e sua projeção no campo social. Só é possível o reconhecimento social se houver participação em instituições, pois individualmente, por melhor que seja um projeto individual, a sua projeção é mínima, porque só as instituições é que favorecem ultrapassar os limites e as barreiras sociais. Vale ressaltar que toda prática autoritária, totalitária, seja individual, seja coletiva, busca o ataque às instituições. Só a destruição das instituições garante a imposição totalitária de uma monovisão, no geral, aniquiladora da dignidade humana e dos direitos coletivos.

Todo totalitarismo está centrado apenas em um pequeno grupo sectário e, como a fundamentação de suas ações é muito frágil ou inexistente, deve-se eleger, como já foi mencionado, um inimigo; se não tiver, é preciso criar, mesmo que fictício. São os "hereges" que vão garantir a unidade do grupo, mesmo que medíocre, pois não há espaço para uma reflexão científica sobre as propostas que defendem. Como essa postura é contrária às conquistas da ciência, os seus defensores buscam a legitimação e sua base de conduta na "doutrina", no geral, revestindo-a de uma dimensão religiosa; daí o caminho é curto para o fanatismo, o sectarismo, a intolerância e a violência. Mas, quando as diferentes culturas estão abertas a apreender de outra, seja desde a maneira de lidar com a natureza, cultivar a terra, preparar os alimentos, criar os filhos, organizar a convivência social, seja até ao expressar a fé, elas se enriquecem mutuamente. Quando se estabelecem o diálogo e a troca das riquezas entre as manifestações culturais, o resultado é a convivência amigável e respeitosa, tanto no âmbito privado como no social.

Dentre as múltiplas instituições importantes para a garantia da dignidade humana no contexto atual, destacam-se a família, a escola, a Igreja e o Estado. São espaços por excelência para a construção da identidade individual e coletiva; por isso, têm a responsabilidade de oferecer referenciais éticos que atuem na defesa das diferentes formas de vida e de inclusão de todos na sociedade. Tanto adultos como crianças necessitam de referenciais significativos para prosseguir respondendo aos desafios de cada momento e contexto histórico, e, assim, permanentemente, construir seu jeito de ser e estar no mundo. Para compreender o processo de construção e efetivação da identidade do ser humano na atualidade, é importante analisar as mudanças que ocorrem nas quatro instituições mencionadas.

## FAMÍLIA

Em grande parte das sociedades, a família ocupava um papel de destaque, pois era aquela que definia os traços da personalidade, por meio da educação passada pelos pais, pelos irmãos mais velhos ou mesmo por outros parentes. Uma função primordial da família era introduzir os novos membros no convívio social: ela apresentava seus membros para a sociedade, orientando como se comportarem, além de apresentar a dinâmica da sociedade para seus iniciantes e alertar sobre possíveis riscos e problemas no âmbito social.

O que se percebe na atualidade é que essa função escapou das mãos da família e, em grande parte, a educação e a socialização são feitas em espaços alheios ao grupo familiar e, inclusive, ao contexto onde ela habita. Essa realidade acarreta muitos problemas, pois as regras de conduta social dos que mais influenciam na socialização não ficam claras e é possível constatar que os iniciados têm interesses distintos e, muitas vezes, passam a não respeitar as diferentes formas de a vida se manifestar. Claro que há lugares em que ainda se preserva a família como fonte inspiradora e articuladora da vida, mas também já são muitos os problemas que corroem e minam a importância e centralidade da família; daí a relevância da memória dos grandes valores que nortearam a conduta dos que fizeram a história acontecer.

## IGREJA

Quando se retoma a história, em diferentes contextos brasileiros, imediatamente é possível perceber a grande influência que a dimensão religiosa exerceu, especialmente a Igreja Católica, na definição de princípios, normas e valores, transmitindo uma moral que servia de base para a organização da vida individual e coletiva. Com as mudanças provocadas pelo movimento da modernidade, que suscitou mais autonomia aos indivíduos, esse poder esvaziou-se e perdeu o lugar de destaque. Em grande parte, hoje, quem define os "princípios morais" é o mercado consumidor, na maioria das vezes alheio a uma conduta ética. As propostas eclesiais, mesmo que centradas na vida, são praticamente desconsideradas na organização da vida individual e coletiva. Inclusive, as Igrejas que fazem mais sucesso na atualidade não centram suas pregações e ações na conduta moral, mas desenvolvem práticas intimistas, individualistas e fundamentalistas.

A Igreja, em uma sociedade não tão urbana como a atual, era o lugar de convergência, pois era lá que se tomava conhecimento do que havia ocorrido durante a semana, faziam-se negócios, contratavam-se serviços e socializavam-se as novas conquistas. Hoje, as aglomerações e encontros sociais ocorrem em outros espaços, especialmente os determinados pela dinâmica do mercado, com destaque para o consumo e o lazer.

## ESCOLA

A escola ocupou, ao menos a partir da segunda metade do século XIX, um lugar de maior destaque, porque em torno dela se dava grande parte da transmissão dos saberes e das relações sociais. O saber acumulado era de domínio da escola e cabia essencialmente a ela passar aquilo que a sociedade considerava muito importante para a organização e o desenvolvimento da vida. Na atualidade, constata-se uma ampliação dos espaços de transmissão dos saberes culturais, os quais, em grande parte, não passam mais pela escola e, consequentemente, a sua influência diminui na estruturação da sociedade. Recolocar a escola como portadora de saberes é fazer memória da importância dessa instituição para ampliação da personalidade, pois é na escola que os alunos têm a possibilidade de obter novos referenciais e, com isso, assimilar novos valores que irão constituir sua personalidade. É preciso resgatar a escola como o espaço primordial, por excelência, para aprender a conviver e a respeitar o diferente. É em torno dela que as sociedades deveriam organizar-se e estruturar a vida. Sem uma educação de qualidade, fica difícil respeitar e garantir a dignidade da vida em todas as suas dimensões.

## ESTADO

É entendido como a principal instância de organização da vida coletiva, ou ao menos deveria ser. Constata-se na história brasileira que as instituições estatais nem sempre estiveram a serviço de todos os habitantes; foram, antes, manipuladas a serviço de alguns poucos. O afastamento do Estado do gerenciamento da coletividade, ou sua opção pela elite, compromete a vida de milhões, que não veem seus direitos respeitados nem usufruem dos bens da coletividade, os quais acabam destinados a poucos. Sem dúvida, alguns grupos se beneficiam da fragilidade e do enfraquecimento do Estado na organização da coletividade e, consequentemente, no gerenciamento e na garantia dos direitos e deveres de todos.

Entende-se por Estado tanto a nação como uma unidade da Federação e suas subdivisões. Uma unidade da Federação só será ética se os responsáveis primeiros organizarem as diferentes instâncias para que todos que nela habitam possam ter seus direitos respeitados e serem incluídos na dinâmica da vida. Nesse aspecto, tanto no âmbito nacional como no local, muito ainda deve ser feito para que a justiça seja o parâmetro de conduta e organização das instituições e relações sociais.

A partir desta reflexão é possível concluir que a família, a Igreja, a escola e o Estado nem sempre estiveram a serviço da coletividade e atuaram fundamentados na ética, porque se verifica na sociedade que:

- a família utilizou diferentes métodos de socialização; algumas regras para homens e muito mais para as mulheres, no geral, centradas em concepções machistas, que hierarquizavam a estrutura familiar;
- a Igreja, com seus princípios muitas vezes fundamentalistas e moralistas, centrada em princípios alheios aos valores essenciais da defesa da dignidade humana, não conseguiu impulsionar a vida na sua plenitude;
- a escola muitas vezes reproduziu os princípios culturais que favoreciam setores da sociedade, desconsiderando os direitos fundamentais do ser humano e a importância da defesa e da qualificação da biodiversidade;
- o Estado brasileiro desenvolveu projetos que contemplavam e privilegiavam as elites em detrimento da grande maioria da população. Um Estado ausente abre possibilidade para outras formas de gerenciamento da vida, muitas vezes ligadas à corrupção e à criminalidade.

Quando se coloca a questão dos referenciais em uma sociedade em que as mudanças ocorrem em ritmo acelerado, é possível observar que os seres humanos, em grande parte, estão perplexos com os modelos apresentados pelo projeto neoliberal. Isso porque esses "modelos" são revestidos de uma auréola sagrada que inviabiliza a construção da identidade segundo os padrões por eles apresentados; padrões financeiros e estéticos que desencadeiam a moda, o consumo e a fama, inatingíveis para a grande maioria dos "mortais". A sobrevivência desses "modelos" depende da capacidade de satisfazerem os interesses de seus financiadores, pois, do contrário, terão uma vida de curto prazo e serão substituídos por outros que melhor representem os objetivos de quem os criou ou projetou. Isso atenta contra a liberdade, porque os parâmetros de conduta são estipulados por interesses alheios, especialmente por aqueles que se arrogam o direito de dirigirem e controlarem o agir do outro. Esse poder, na atualidade, segundo Bauman (1999), não é exercido mais pela coerção, mas sim pela sedução da vigilância, segundo a qual "muitos observam poucos e os poucos observados são as celebridades". Delegar a outro a definição dos rumos da vida cria, sem dúvida, um desencanto, devido à manipulação e à massificação, e, consequentemente, compromete as escolhas e o envolvimento com o direcionamento das ações.

É impossível construir uma sociedade saudável e inclusiva se os parâmetros norteadores da vida e da organização social forem impostos e tirarem a possibilidade de cada indivíduo fazer escolhas que garantam sua própria autonomia. Surgem, então, indivíduos e instituições frágeis, com a tendência de buscar modelos culturais rígidos e sectários, para garantir certa segurança e direcionamento da vida. Isso não significa que os indivíduos perdem a capacidade de transcender; muito pelo contrário, seguem buscando, incansavelmente, ir além dos limites do real. O problema está na manipulação efetivada pelas falsas transcendências, que tornam o ser humano presa das ondas culturais, diante das quais se sente impotente.

É preciso considerar que uma sociedade totalitária cerceia o fluir da liberdade, mas não consegue impedir por todo o tempo o impulso do ser humano de ir além daquilo que se apresenta. Não há esquema que enquadre o ser humano totalmente, pois ele sempre encontra alguma fresta. A prática totalitária e sectária busca neutralizar o impulso da diferença e, quando não consegue viabilizar seus objetivos, pode até matar, mas não tira do ser humano a capacidade de se opor. Nenhum indivíduo ou sistema tem a última palavra, porque são construções humanas e, portanto, perdem sua eficácia e também serão modificadas com o passar do tempo.

O campo social é um campo de lutas no qual sempre estão em jogo múltiplos interesses. Cabe aos processos educativos, sejam familiares, sejam escolares, auxiliarem na decodificação das forças sociais que favorecem a inclusão e das que comprometem a vida. Desse modo, os processos educativos, além de proporcionar o sentido de pertença mediante a construção da identidade, devem também desenvolver a concepção de que não é possível conviver socialmente sem o estabelecimento de limites e regras que norteiem as condutas sociais. É impossível construir uma sociedade saudável e inclusiva se cada ser se apresentar como parâmetro norteador da vida e da organização social, pois a falta de princípios e regras comuns poderá levar ao relativismo absoluto, que gera a indiferença, ou ao fanatismo sectário, que desencadeia a violência.

Pela ausência de referenciais significativos, constata-se uma fragilidade em relação aos projetos pessoais e coletivos que garantam e estimulem o sentido da vida. Por isso, a família, a escola, a Igreja e o Estado necessitam com urgência retomar seu papel na construção da identidade individual, institucional e social, fundamentada em princípios que favoreçam a superação da superficialidade fútil do consumismo competitivo e que, então, possam potencializar os projetos de vida. Nesse processo, cada ser humano tem de, continuamente, assumir uma atitude reflexiva diante de suas ações, porque de outra forma comprometerá tanto a sua existência como as manifestações de outras formas da vida.

Sem referenciais não é possível construir a identidade humana. Referenciais que exercem autoridade contribuem para criar condições para a construção conjunta da organização da vida. Sendo assim, a liderança não se concentra em alguém que define *a priori* o que os outros devem ou não fazer, mas naquele que viveu uma experiência significativa maior na vida e ainda está em busca. É necessário que essa pessoa veja além do senso comum, sonhe, acredite e viabilize caminhos alternativos. Certamente, isso não pode ser desconectado da realidade. Assim, é indispensável desencadear um movimento permanente de redes que somem forças, a partir da especificidade própria de cada indivíduo e instituição, cientes dos limites que a realidade impõe, mas também da riqueza e da capacidade de as lideranças influenciarem indivíduos, grupos e sociedades, na construção de identidades e estruturas saudáveis.

O ser humano só adota algo que ele julga ser significativo. Por esse motivo, as instituições que não se fundamentarem na ética não irão contagiar as crianças e os jovens, de tal modo que assimilem atitudes de cuidado para que a casa comum, que é o mundo, inclua a todos. Apenas instituições fundamentadas em princípios de inclusão influenciarão positivamente as novas gerações.

É preciso considerar que existem diferentes pessoas pensando de formas distintas; por isso, as organizações sociais devem assumir a difícil tarefa de fazer da diversidade um fator positivo de compreensão mútua entre indivíduos e grupos humanos. É no respeito ao diferente que cada indivíduo e instituição podem viabilizar sua função social e contribuir para a construção das identidades. É o resultado de um trabalho coletivo que considera a complexidade e a necessidade de construir redes. Processo esse que tem de sempre transcender as estruturas e práticas sociais.

CAPÍTULO 5

# Desenvolver o humano

> "Qualquer ajuda desnecessária é um obstáculo
> para o desenvolvimento pessoal."
> Maria Montessori

O desenvolvimento humano resulta das relações que ocorrem em ritmos multiformes. Esse dinamismo nem sempre é respeitado, uma vez que a padronização criada por modelos rígidos das instituições sociais impede o fluir da vida. Em grande parte, os modelos institucionais são lógicos, definidos *a priori* e, em muitos sentidos, impedem o desenvolvimento natural da vida. Diante dessa realidade é indispensável considerar que o desenvolvimento saudável do ser humano se dá na busca da integridade, que só é possível se houver um processo de construção da autonomia na interdependência dos envolvidos. Autonomia que não é absoluta, mas sempre relativa, pois existe uma inter-relação dos fenômenos biológicos, psicológicos, sociais e transcendentais.

A visão integral possibilita uma atitude otimista diante da vida e ela é de fundamental importância. Isso porque, hoje, não é só o ser humano que está ameaçado na sua existência, mas todo o planeta. Entrar em sintonia com a vida é a expressão maior de que cada um é parte de um todo que pulsa segundo suas possibilidades e expressões de vida. Para participar da dinâmica vital é preciso acordar, despertar do sono ao qual, muitas vezes, as instituições nos submetem, para que a vida não passe despercebida. Sobre esse processo, o médico e filósofo Jacob Levy Moreno (1993) afirma: "A tarefa do nosso século é reencontrar uma posição para o ser humano no universo".

O ser humano, em toda a sua história, buscou um modo de conhecimento e de compreensão do mundo como lugar de atribuição de sentido aos dados da realidade e à consequente estruturação de sistemas significativos. Para superar a angústia existencial e econômica, o ser humano criou e continua criando mecanismos para sobreviver. Nessa busca incessante para compreender a origem, o tempo presente e o futuro, tem procurado ordenar, dar sentido às coisas, tendo em vista organizar e orientar a vida na sua globalidade.

A compreensão do processo de desenvolvimento humano como busca da identidade será o foco da reflexão neste capítulo. Entendo essa busca como caminho saudável que perpassa a vida toda, desde o pré-natal até o social, isto é, desde a fusão e a simbiose até a autonomia.

## DESENVOLVIMENTO PRÉ-NATAL – INTRAUTERINO

Inúmeros estudos apontam para a maravilha e compreensão de que o útero define as esferas da criança. A maneira como ela recebe as mensagens intrauterinas, de acolhida, frieza ou indiferença, é que determina a personalidade e cria as predisposições do caráter.[1] Isto é, o mundo para a criança parecerá exatamente como ela vivenciou o tempo intrauterino.

A partir do momento que a criança é capaz de lembranças e sentimentos, com base em sua experiência, o seu "eu" começa a se formar. O feto atinge um grau suficiente de "maturidade" por volta do sexto mês de existência. Segundo essa hipótese, pesquisadores do desenvolvimento humano creem que é o período em que se começa a delinear a personalidade. No período fetal e neonatal há consciência de existir, sem, contudo, ser, pois sua percepção inicial é inconsciente. Afirmam eles que uma atitude positiva diante da gravidez, associada ao fato de colocar no mundo uma criança desejada, cria o campo favorável ao desenvolvimen-

---

[1] Este capítulo contempla algumas referências que poderão ajudar na compreensão da complexidade do desenvolvimento humano. Essa temática não só permeou as obras de Wilhelm Reich como também as obras e as atividades dos pensadores de hoje, como de Federico Navarro e de outros de várias instituições, como: Instituto de Orgonomia Ola Raknes, Escola de Orgonomia Latino-Americana, Sociedade de Vegetoterapia de São Paulo. Ver: W. REICH. *Análise do caráter*. 3. ed. São Paulo: Martins Fontes, 2020, entre outros. Esteve também muito presente nas obras de outro grande pensador, J. L. Moreno, que em seus trabalhos analisou com profundidade a Matriz de Identidade (formação do "eu") e as etapas do seu desenvolvimento. De Moreno, ver: *Fundamentos do psicodrama*. São Paulo: Duas Cidades, 1984; *Psicodrama*. São Paulo: Cultrix, 1993, entre outros.

to harmonioso da personalidade. Essa linha de pensamento afirma que, inclusive, os gostos de um indivíduo exprimem a maneira pela qual ele aprendeu e se percebeu antes do nascimento. No processo de gestação, o "eu fetal" tem uma relação fusional com a mãe, porque o movimento é da mãe em relação ao filho.

Os sentimentos essenciais, como o amor e a rejeição, têm repercussões sobre a criança muito cedo, especialmente no período intrauterino. Segundo o pesquisador Thomas Verny (1993): "À medida que o cérebro da criança vai se desenvolvendo, as sensações e os sentimentos primitivos se transformam em pensamentos e sentimentos mais complexos, para chegar, enfim, às ideias puras". Por volta do sexto mês de gestação, a criança passa a tomar consciência de si mesma como "individualidade" distinta e a ser mais modelada pelo conteúdo puramente emocional das mensagens maternas. Segundo Verny, "por ocasião do nascimento, o recém-nascido é suficientemente maduro para poder reagir aos sentimentos maternos com grande precisão e elaborar respostas físicas, emocionais e cognitivas". Daí se conclui que o cuidado durante o processo de gestação é de fundamental importância.

No campo fusional, se não for possibilitado um desenvolvimento saudável, podem surgir psicoses. São defesas que colocam limites para a formação da identidade do "eu". O feto tem o "eu", mas ainda é pouco corporal. Não tendo o "eu" delimitado, a sensação existe, mas o ser que está sendo gestado não sabe o que fazer com ela. Os cérebros são dissociados e a energia do psicótico se concentra mais no cérebro reptiliano, isto é, busca essencialmente garantir a sobrevivência.[2] Não sabe de onde vem o perigo, então não pode nominá-lo. A identificação na vida se dará com uma pessoa ou objeto, e não consigo mesmo. Na realidade é um bebê que apenas cresceu fisicamente, é um bebê grande.

A mãe dá o ritmo, fornece sinais e modela as respostas da criança. Mas a criança decide se as solicitações fazem sentido ou não. A ligação

---

[2] MACLEAN, Paul D. *Evoluzione del cervello e comportamento umano*. Milano: Einaudi, 1990. O autor analisa a evolução dos três cérebros para entender o ser humano: reptiliano – responsável pela sobrevivência; límbico – responsável por afetividade, comunicação, amor; neocórtex – responsável pela sistematização. Entre outros aspectos, MacLean entende que a saúde resulta do fluir energético entre os três cérebros, como será analisado no último capítulo.

no útero não é automática, necessita de tempo, é desenvolvida com amor e compreensão para que funcione de maneira satisfatória. Mesmo que a criança seja dotada de resistência e flexibilidade, ela não pode se comunicar sozinha, pois, se a mãe bloqueia a comunicação afetiva, ela fica desamparada.

É importante observar que não é o estresse passageiro que afetará a criança com marcas profundas na personalidade, mas sim o de longo prazo. Mesmo que o sucesso e o insucesso na formação da criança, tanto antes como após o nascimento, dependam da mãe, é importante levar em conta o papel do pai e do ambiente familiar e social. Estes espaços são determinantes para a criação de um campo favorável para um processo de gestação saudável, porque tudo que inquieta a mãe, inquieta a criança.

A racionalização e a mecanização do Ocidente têm destruído a confiança e a profunda ligação natural existente desde o momento da gravidez. O nível de comunicação não é só fisiológico como também comportamental, de sintonia ou não com o novo ser. Infelizmente, uma sociedade doente gera mães e, consequentemente, filhos doentes.

Diante dos limites da vida é possível perceber que sempre há saídas, e a educação é o caminho para a emergência de indivíduos saudáveis e, consequentemente, de sociedades saudáveis. Isso se dará se, desde a preparação para a gravidez, houver compreensão de que se gestará um novo ser e que o desenvolvimento saudável dependerá de uma articulação entre família e sociedade.

O médico Federico Navarro (1996b) afirma que 30% da humanidade possui o núcleo psicótico por ter sofrido estresse durante o período de gestação. O comportamento será sem contato e, mesmo que sejam pessoas intelectuais, com muita facilidade para as reflexões, do ponto de vista psicológico estarão na maioria de suas atividades buscando um útero. É claro que a vida não é um automatismo, pois as interações são inúmeras e fazem com que situações-limite se tornem saudáveis.

O que se afirma são em linhas gerais. Claro que cada um tem a sua especificidade e desenvolvimento próprio. Nesse sentido, não é possível automaticamente afirmar que a visão de mundo, de sociedade decorrente dessa fase, seja a busca de um útero. O que se constata é que inúmeras pessoas, na atualidade, buscam uma fusão com outros seres ou projetos, sejam eles concretos, sejam idealizados.[3]

Do ponto de vista antropológico, afirma-se que as culturas são construções humanas feitas historicamente e condicionadas por anseios, dificuldades e esperanças presentes em cada contexto e tempo. Esse pressuposto leva a crer que alguém com núcleo psicótico ou com manifestações psicóticas será influenciado diretamente na sua relação com o outro, com a sociedade. Se o psicótico não tem o "eu", torna-se impossível estabelecer relações efetivas, seja consigo mesmo, seja com o outro e, consequentemente, com o campo social. As relações são muito mais fantasiosas do que reais. É claro que para o psicótico elas são reais e não há o que discutir do ponto de vista dele.

Há pesquisas que apontam que o fanatismo, o sectarismo e a intolerância têm a ver com limites nessa fase de desenvolvimento; isso porque, consciente ou inconscientemente, nas relações com o diferente há um medo de desintegrar-se. Questionar a concepção de vida do psicótico põe em "risco" a sua própria vida, porque sua sobrevivência foi extremamente ameaçada no intrauterino. Fica difícil relacionar-se com quem ainda não nasceu, o "eu" não existe e toda a organização da vida visa basicamente garantir a sobrevivência, comprometendo outras dimensões. Nessa fase não há um "eu" diferenciado e muito menos consciência, mas as marcas dos traumas permanecem e determinam futuras relações. A partir dessa perspectiva, é possível perceber que, quanto mais frágil alguém seja na sua identidade, maior é o receio de se relacionar, reconhecer o diferente, abrir-se para relações que possibilitem o enriquecimento mútuo.

## DESENVOLVIMENTO NO PRIMEIRO CAMPO – SIMBIOSE MÃE/FILHO(A)

Após dez dias de nascimento, a criança entra no primeiro campo de desenvolvimento.[4] Nesse campo, o novo ser está em relação simbiótica

---

[3] Muitas práticas religiosas ou até outros projetos possuem como características básicas a lógica da "unidade", da "totalidade", da "síntese" para a fusão com o ideal social, mais do que para a diferença. Cf. AMARAL, Leila. As implicações éticas dos sentidos: Nova Era de comunidade. *Religião e Sociedade*, Rio de Janeiro: ISER, v. 17, n. 1-2, pp. 54-74, ago. 1996.

[4] A vegetoterapia considera os dez primeiros dias após o nascimento como sendo intrauterinos, dada a fragilidade ainda do recém-nascido. Cf. NAVARRO, Federico, *Somatopsicopatologia*. São Paulo: Summus, 1996 e *Somatopsicodinâmica*. São Paulo: Summus, 1995.

com a mãe. Com o nascimento há uma separação corporal, mas não psicológica. A criança e a mãe, do ponto de vista psicológico, são a mesma coisa. Para a criança, a mãe e também os objetos são extensão dela mesma. A relação do "eu" neonatal se caracteriza por uma simbiose. Nessa fase o movimento é do bebê em relação à mãe, que deve estar disponível para atender a suas necessidades.

A identidade está ligada a uma amamentação adequada, que se dá no processo de olhar o seio e o rosto da mãe. Isto é, a criança olha a mãe e, ao olhar o seio, olha para ela mesma. É um processo dinâmico de olhar a referência, que é a mãe, e olhar para si mesma. Sem referência não há formação da identidade, do "eu". A referência possibilita a convergência do olhar, isto é, adquirir foco na vida.

A criança precisa da mãe para construir o seu "eu". Ela primeiro incorpora a figura da mãe para depois se desidentificar. Isso acontece quando a criança descobre que o mundo não é só a mãe, mas também é ela mesma. Existe uma relação com o não "eu", e o "eu" só pode ser construído a partir do não "eu". Eu e o outro e algo que une, criando então o "nós". Nesse segundo campo é que aparece a diferença e, consequentemente, iniciam-se os conflitos. É o despertar forte para viver a individualidade e não a simbiose.

Com o desmame, o caráter da criança passa a ser construído, porque é o primeiro passo para a autonomia, por isso é chamado na psicologia de "semiautonomia". A criança amplia a capacidade de intervir na sua formação, mesmo que ainda timidamente, com maior interação e influência no meio. Ela passa a ter noção de espaço e tempo, dá os primeiros passos.[5] Adquirir a individualidade exige impulso e agressividade no sentido de lançar-se. Se o recém-nascido não for agressivo, no sentido de movimentar-se fortemente em relação à vida, ele não sobrevive.

É importante ressaltar que a amamentação não é só alimentação como também amor, calor, afeto, acolhida, referência, que criam condições para o desenvolvimento. Amar é reconhecer e despertar com o outro. Segundo Navarro (1996b), 45% da humanidade é *borderline*, isto é, vive no limite, na borda entre ter e não ter contato consigo mesma;

---

[5] Sobre a formação da caracterialidade, ver o interessante trabalho de NAVARRO, Federico. *Caracterologia pós-reichiana*. São Paulo: Summus, 1995. pp. 15-24.

pela referência desfavorável e insuficiente, consequentemente, a passagem para a diferenciação ocorre com dificuldade. O *borderline* tem uma sensação de perda, pela amamentação e/ou desmame inadequados.

A simbiose expressa a indiferenciação, por isso a experiência no âmbito social também se manifestará de forma indiferenciada. As sementes da confiança, coragem, esperança e amor fundem-se de forma indiferenciada com as ameaças de abandono, privações e frustrações sentidas pela criança. A qualidade das relações nessa fase será determinante para tudo o que virá posteriormente. Os limites nessa fase condicionam a relação com a sociedade e as instituições, que podem se manifestar pela busca de uma mãe que dê alimento, colo; assim, há pouca iniciativa por medo, insegurança. A grande "mãe" tem que resolver. Ela é que sabe, resolve, pode tudo, pois a identidade é muito frágil. Há uma pseudorrelação, mais por medo que por amor e liberdade. Há pouco compromisso efetivo e, quando acontece, logo desinteressa por perder o contato consigo mesmo. É uma postura que deixa que outros sejam os protagonistas, porque "ele sabe" e "vai fazer", ou ainda "Deus irá resolver todos os problemas". É uma atitude de passividade e de legitimação do *status quo*, pois não há o que fazer, "basta esperar". Do ponto de vista religioso, permanece a ideia de que Deus garantirá o que for necessário. O que se percebe é que muitos, consciente ou inconscientemente, mantêm a dependência e, consequentemente, a submissão. Deus é colocado como responsável, e, a partir daí, muitas explicações dos fenômenos passam pela sacralidade. Na relação simbiótica, as pessoas não conseguem separar-se das diferentes interações, seja na família, seja na sociedade.

## DESENVOLVIMENTO NO SEGUNDO CAMPO – FAMILIAR

Com o desmame, a criança passa para o segundo campo. Começa a engatinhar e a se distanciar fisicamente da mãe. Passa da motilidade para a mobilidade e, como é uma mudança profunda, inquieta a mãe, que, muitas vezes, procura segurar a criança sob seu controle. Mãe controladora entra nas entranhas do outro, prende o filho na dependência, impedindo-o de partir em busca de novas coisas e de ir construindo o seu "eu". Atitudes inibidoras por parte da mãe e da família impedem um desenvolvimento saudável.

Esse jogo é muito forte, pois a mãe segue sendo a referência para a criança, que olha para ver se ela gosta, assim como também olha para os outros membros da família, embora isso nem sempre seja possível, pelo controle excessivo da mãe. A criança aprende a decodificar as mensagens e a desconfiar das sensações; aí surge o caráter masoquista. A mensagem sutil é: "Você terá tudo se não adquirir a sua independência" ou "permanecendo dependente você terá tudo". Essa atitude cria uma confusão no que a criança efetivamente sente.

A fraqueza no "eu" de cada pessoa é como a criança que não está andando. A energia não chegou no "eu", no peito, porque tem extrema dificuldade em receber. Não tem peito para entrar nos projetos, é como se fosse um bebê crescido, pois são o peito e os braços que fazem entrar nos projetos e agir no mundo. Pouca energia no peito é determinante na expressão do caráter, por isso a busca de contato torna-se uma constante. Mas tem medo, medo de a mãe castrar. Preso a essa fase também está o oral insatisfeito, sempre à procura da mãe. É uma criança carente que não aceita a realidade. Está em busca de um ideal e não cabe um terceiro na relação. Busca um ideal de "eu", um "eu" imaginário, em uma relação que é sempre a dois. Enquanto a oralidade reprimida se expressa na onipotência, na desnecessidade do outro, dando muito e não querendo receber. As atitudes de culpa e onipotência são expressões de fuga da realidade.

Com o desmame, a criança amplia as possibilidades de se expressar no campo familiar e a relação simbiótica com a mãe deixa de existir. Nesse período do desmame, em torno do nono mês, com a mudança de alimentação, a criança cria transformações muito significativas, porque começa a mastigar, utilizar os dedos, andar, passa a agir e ter uma sensação de poder. Poder que emerge da possibilidade de alimentar-se, o que significa garantir a própria sobrevivência. Já não está totalmente nas mãos e braços da mãe.

A família é de fundamental importância para ampliar os referencias da criança. A figura paterna é determinante para romper a simbiose e fortalecer a diferenciação. Os limites nesse campo também são imensos e determinados por concepções culturais antinaturais. A falta de confiança impede de arriscar-se, porque não percebe seus valores. De acordo com Navarro (1996b), na humanidade, são 20% de psiconeuróticos que se tornam assim por problemas enfrentados dos nove meses até a puberdade. A criança tem medo de arriscar-se por falta de confiança.

Todo processo educacional teria de se basear no contato consigo mesmo e com o outro, e, nesse processo, perceber as potencialidades e os limites. Infelizmente, na sociedade as relações são na grande maioria constituídas a partir do "eu" ideal. A questão básica que a sociedade se coloca é: quem é o melhor? É uma questão extremamente equivocada, pois é impossível todos serem "o melhor". A pergunta que surge diante disso é: melhor em quê? Nas ciências humanas, exatas, no esporte, nas relações, em quê? O possível é cada um dar o melhor de si. Em qualquer contexto e tempo é possível que cada ser humano dê o melhor de si. Claro, em um contexto assim todos serão enriquecidos. Diante da lógica do melhor, para "ser" é preciso fazer com que o outro não seja, é preciso diminuir o outro, porque se estabelece uma disputa doentia e desigual. É uma deturpação do sentido da vida e do saudável caminho em busca da individualidade, para poder "ser com o outro".

Nessa fase de passagem para a diferenciação, a criança pode ser influenciada de maneira que integre os exemplos, temperamentos, ações e histórias dos adultos com os quais se relaciona. É um período rico na produção de imagens e sentimentos que permanecem ao longo da vida, sejam positivos, sejam negativos. Emerge a questão da autonomia, que pode ser reprimida por conta de ações e práticas castradoras. É o campo em que são inúmeras as perguntas das crianças, inclusive sobre o fim último da existência. O esforço centra-se em perceber as bases da distinção entre o que é real e o que apenas aparenta ser.

A criança situa-se entre a fantasia e a realidade. Nesse sentido, ela busca descobrir e dar coerência à experiência. Essa é a fase em que a criança entra na escola. O processo educacional deve considerar as fases anteriores, se efetivamente quiser contribuir para o desenvolvimento saudável da criança. Nesse dinamismo, a visão de sociedade exerce papel importante no desenvolvimento.

Há um forte princípio de dependência e reciprocidade caracterizado pelo ambiente familiar, e a relação com a sociedade pode reforçar a autonomia e favorecer relações recíprocas ou consolidar a dependência pelo ambiente supercontrolador. Esse processo de desenvolvimento vai a uma perspectiva interpessoal, em que a criança passa a assumir responsabilidades no contexto familiar e em certas atividades no campo social, na escola, nos grupos de amigos, nos espaços religiosos, nos esportes, entre outros. Nessa fase está muito presente a necessidade de um relacionamento mais pessoal com o outro, o diferente, como também pode contribuir a relação com "o grande Outro", Deus, Sagrado. A questão central não é a quantidade das relações, para as quais as crianças estão extremamente abertas e receptivas; o que se coloca é a qualidade dessas relações, que vão ajudando a criança no processo de assimilação de valores e princípios éticos, que darão as balizas para o desenvolvimento da sua personalidade, sendo cada vez mais ela mesma, não mais o centro do mundo, mas sim tendo a percepção de que está no mundo e no mundo tem mais gente que pensa, age e gosta de coisas diferentes. Aí não tem saída, senão conviver em uma troca permanente, para que a personalidade seja saudável. O campo de desenvolvimento para atingir a maturidade é o social; campo que será analisado na sequência.

# CAPÍTULO 6
# Ser e conviver social

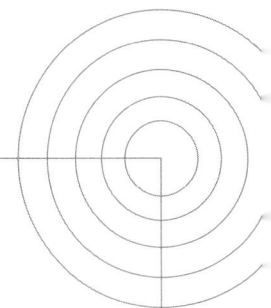

> "O ser humano é um ser social
> em uma breve jornada solitária."
> Francis Cirino

A busca fundamental de toda pessoa é por sua autonomia. Por isso é preciso regozijar-se com a diferença que caracteriza os seres humanos. O prazer está na percepção e na articulação das características de cada um. O problema é que a sociedade é doentia, e a tendência maior é a busca da simbiose e não da individualidade. O diferente mostra alguns movimentos que podem ameaçar ou enriquecer, dependendo do processo de vida de cada pessoa. No processo de ruptura com a simbiose, o pai ou a figura paterna tem uma importância fundamental para que a passagem da criança se dê com naturalidade do segundo para o terceiro campo, isto é, para o campo social. A vivência no terceiro campo tem suas regras estabelecidas e muitas vezes são bem limitadas. Isso se dá por uma série de entraves culturais que estabelecem o papel ou até determinam a postura do pai e da família em relação à educação dos filhos.

Viver a diferença, com relativa autonomia, em uma sociedade que busca manter a simbiose, é desafiador. O grito mais forte que emerge dos porões do ser humano talvez seja o "quero ser diferente, mas quero ser amado". Infelizmente poucos escutam. O diferente incomoda, exige definição e percepção de si e de suas ambiguidades. A mãe que reproduz o que a sociedade espera, isto é, a padronização, a uniformização dos filhos, também foi produzida pelas regras preestabelecidas. Ela também foi padronizada, teve dificuldade ou não adquiriu a sua individualidade e autonomia.

Analisando o comportamento da humanidade, Federico Navarro (1996b), como citado anteriormente, afirma que 30% da humanidade tem o núcleo psicótico, com entraves advindos do período intrauterino. Essas pessoas atuam voltadas para a própria "casa", pelo fato de não terem "nascido" psicologicamente e terem dificuldade de atuar socialmente. Outro grupo é composto dos que vivem no limite, entre se reconhecer e se perder na dinâmica da vida, em torno de 45% da humanidade. Estes são um pouco mais saudáveis, pois revelam um "eu", ainda que muito frágil. Um terceiro grupo expressa a falta de confiança, que impede que se arrisquem e que não percebam com nitidez os seus valores: são os psiconeuróticos, em torno de 20% da humanidade. Por fim, existem os neuróticos, os que já possuem um pouco mais de luz, porque atuam com mais empenho na sociedade, mas ainda não estão inteiros na vida, têm seus limites acentuados da puberdade até a maturidade. É o grupo mais saudável, em torno de 4,9% da humanidade. Navarro aponta ainda que talvez existam 0,1% de caráter maduro, plenamente saudável. Mas ele próprio relata que isso é mais uma possibilidade do que uma realidade, pois, em uma sociedade doentia, torna-se praticamente impossível ser plenamente saudável. Diante dessa realidade percebe-se que o potencial de formação caracterial é o resultado de toda a história da pessoa. Nesse sentido, confirma-se a afirmação de inúmeros pesquisadores de que o ser humano é influenciado pelas circunstâncias, fruto de uma estrutura social com exigências muitas vezes fora de foco, por estar centrada nas relações de ter e do que está para acontecer.

Dentro da dinâmica da vida, sabe-se que a grande luta pela independência, pela autonomia e a passagem para o campo social se dá na adolescência. Existe uma ampliação do universo da pessoa desde a gravidez, nascimento, família, parentes, para chegar à adolescência, quando se descobre o próprio corpo, isto é, a si mesmo. O adolescente rompe a simbiose com a família e descobre outras funções na vida, dentre as quais o âmbito sexual. Só quando adquire a capacidade de passar da dependência externa para a dependência interna, ou seja, quando vai parindo a si mesmo cotidianamente e oferece a si mesmo a própria "luz" pode-se dizer que alguém alcançou a maturidade caracterial. A essa altura, na puberdade, terá um caráter maduro, uma personalidade.

Para chegar à "autonomia" no campo social é preciso romper a simbiose familiar. Aqui é que está um dos grandes problemas, porque faltam as referências, os "modelos" que, na grande maioria, os pais não são para os adolescentes. Em um primeiro momento, a assimilação de um papel se dá pela identificação e só no processo é que se dá a diferenciação. A insegurança dos pais ante essa realidade os leva a tomar duas atitudes: uns puxam o adolescente para dentro da família, mantêm a simbiose pela pressão, violência ou pela manipulação do agrado; outros o jogam, afastam para longe, não suportam a busca e, consequentemente, há o rompimento da simbiose.

Sobre o desenvolvimento nessa fase da vida, Navarro (1996b) afirma: "A psicose que encontramos no hospital psiquiátrico teve seu início na adolescência", concomitantemente a uma mudança biológica hormonal e a uma situação existencial que o obriga a ser adulto, ter responsabilidades e uma vida sexual funcional. Isso pode ser um choque para os adolescentes. E não é por acaso que eles buscam as drogas. A droga dá a ilusão de se alcançar um prazer, mas é artificial e, com ela, o sujeito se dissocia da realidade. É uma forma de voltar à vida intrauterina, pois o psicótico tem falta de contato e de comunicação. Na formação do caráter, um bloqueio na fase intrauterina é determinante, no sentido de que, se existe uma condição psicótica, não pode haver uma formação do "eu", resultando na dificuldade de atuar no campo social.

Pesquisas sobre drogas apontam que 50% dos que se iniciam nelas são adolescentes. Isso confirma que eles necessitam de algo externo para poder "enfrentar" o campo social. Além da droga, são inúmeras as ofertas externas para os adolescentes, como o consumismo, as "gangues" e a violência, como maneiras de preencher o vazio e se postar na sociedade. Infelizmente os resultados são desastrosos. A questão é que não são só os adolescentes que não conseguem um espaço, como também a sociedade, que não suporta a ruptura e a chegada dessa força vital. Não existem ritos de passagem que possibilitem uma individualização sadia. Os ritos, no geral, são de repressão, confinamento, manipulação, eliminação, para que haja "paz" e coesão na sociedade doentia.

Os ritos de passagem marcam momentos decisivos da vida, como nascimento, puberdade, adolescência, casamento, morte, entre outros. No geral, as diferentes culturas entendem que nos pontos considerados críticos da vida o ser humano está exposto, com maior intensidade, às forças malignas e, logo, é preciso ritualizar essas passagens, para garantir a segurança do indivíduo e do seu grupo. Na sua grande maioria, os rituais estão ligados aos movimentos e passagens de fronteiras, como do útero para a vida no mundo, de solteiro para casado, de doente para pessoa saudável, de adolescente para adulto, de virgem para esposa, de ser humano vivo para ancestral morto. Sobre essas passagens, o filósofo Mircea Eliade (1999) afirma:

> Quando acaba de nascer, a criança só dispõe de uma existência física; não é ainda reconhecida pela família nem recebida pela comunidade. São os ritos realizados imediatamente após o parto que conferem ao recém-nascido o estatuto de "vivo", propriamente dito; é somente graças a esses ritos que ele se integra à comunidade dos vivos. Por ocasião do casamento, tem lugar também uma passagem de um grupo sociorreligioso a outro. O recém-casado abandona o grupo dos celibatários para participar, então, do grupo dos chefes de família. Todo casamento implica uma tensão e um perigo, desencadeando, portanto, uma crise; por isso, o casamento se efetua por um rito de passagem.

A crise atinge as diferentes passagens da vida, e o desafio é saber lidar com elas e estabelecer os rituais adequados que permitam o amadurecimento humano saudável.

Os rituais acompanham as passagens e proclamam publicamente as mudanças significativas da vida. Esse processo, no geral, se dá em três fases:

- *Ritos de separação:* para mover-se da posição A, que era a condição normal inicial, para a condição B final, o iniciado necessita cumprir certas prescrições. Por isso, o que vai ser iniciado deve abandonar sua posição original, por meio da mudança de certas vestimentas, banhos, lavagem, do barbear-se, cortar o cabelo e até sacrifícios de animais. Esses rituais têm a função de retirar o iniciado de sua existência normal, tornando-o temporariamente uma pessoa anormal, isto é, retirado da vida cotidiana para viver em outro espaço e tempo prescritos pela tradição em que se dará a passagem.

- *Ritos na fase anormal:* essa fase se caracteriza por um intervalo em que há uma ausência de marcação do tempo social, como, por exemplo, a lua de mel, o luto, o parto ou a adolescência, em que se retiram para se tornar adultos. Esses períodos são marcados por uma série de ensinamentos mediante rituais que estabelecem o que é permitido e proibido na nova fase a ser assumida.

A aprendizagem é fundamental para que o iniciado possa agir socialmente, segundo as regras estabelecidas no seu contexto.

- *Rituais de agregação:* são os rituais que visam integrar o iniciado na vida normal, isto é, no conjunto da sociedade. Essa passagem se dá com certa crise, pois os iniciados assumem um novo papel na sociedade, o que exige também uma readaptação de todos os envolvidos.

Quando se olham as práticas educativas na sociedade atual, é possível constatar o desaparecimento dos rituais significativos ou seu esvaziamento; rituais que na prática não marcam uma verdadeira passagem, pela falta de responsabilidade de todos os envolvidos em reconhecer a nova condição.

Sem a passagem para o social, jamais será possível uma sociedade saudável. Nesse processo, todos são corresponsáveis. O psiquiatra Wilhelm Reich (1993) afirma que é preciso parar de buscar um "bode expiatório" e entender que, "para cada grande pensamento humano que se bate pelo denominador comum da humanidade, há um paralelo do Zé Ninguém que arruína cada simples pensamento de esperança do ser humano". É a peste emocional, a couraça que torna a humanidade desamparada e prostrada; consequentemente, o terror da vida.

A falta de identidade reproduz modelos externos – europeus, norte-americanos, asiáticos –, que acabam mantendo as relações de simbiose com o modelo familiar. Só é possível atingir a maturidade individual e social rompendo com a identificação com um modelo, seja nacional, seja importado.[1] Isso se constrói não com complexo de culpa, inferioridade ou onipotência, mas, sim, com responsabilidade.

No campo social, as relações tornam-se mais amplas e o processo de relação com a sociedade exige informações de valores, uma vez que a identidade não está suficientemente desenvolvida. Nesse sentido, é predominante a busca de um mito pessoal, o mito do próprio vir a ser.

---

[1] NAVARRO, Federico; DE PAULA, Maria B. Um novo brasileiro para um Brasil novo. *Energia, Caráter e Sociedade*, Rio de Janeiro: I.O.O.R./E.O.L.A., n. 3, pp. 173-175, jun. 1994. No psicodrama se trabalha com muita propriedade os papéis sociais em que predomina a função "de realidade", isto é, a dimensão da interação social. Cf. MARTÍN, Eugenio Garrido. *Psicologia do encontro: J. L. Moreno*. São Paulo: Summus, 1983.

Como nesse período é forte o "sair de casa", as relações são marcadas por muitos conflitos. O processo educacional torna-se um referencial fundamental nessa passagem. É importante estar atento aos modelos que os adolescentes buscam e discernir quais processos educativos apresentar como referenciais. Dependendo da opção, possibilitará a passagem ou irá reforçar as fases anteriores. A experiência social vem confirmar a autonomia relacional ou reforçar a simbiose. Passar para o campo social possibilita uma ação eficiente na defesa da dignidade humana, especialmente na organização da casa comum, isto é, atuar no social com ética e reconhecer as múltiplas interações biopsicossociais e transcendentais no cotidiano da vida.

O que se percebe na sociedade, seja pré-moderna, seja moderna, seja ainda pós-moderna – isso porque, no mesmo espaço geográfico, convivem as três maneiras de se posicionar, agir e ver a realidade –, é que, se não há um processo de individualização, de autonomia, as relações ficam truncadas e, consequentemente, há frustração proveniente da massificação, uniformização ou, em uma linguagem tecnológica, "formatação". A reação a essa padronização é o individualismo, que também não gera relações saudáveis. Daí a responsabilidade coletiva com o cuidado das passagens na formação da identidade, da individualidade, para que haja efetiva atuação saudável no campo social.

CAPÍTULO 7

# Construir a autonomia

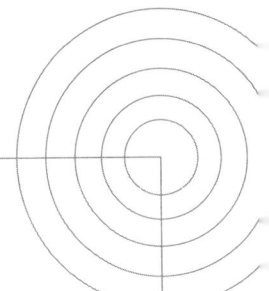

> "Ninguém é sujeito
> da autonomia de ninguém."
> Paulo Freire

Mesmo que algumas organizações sociais totalitárias se proponham a dar todo o direcionamento da vida, a história comprova que tal pretensão não foi aceita passivamente. O pulsar da vida, em muitas organizações, pessoas e povos, tem demonstrado uma reação efetiva à padronização. Nesse sentido, é importante analisar algumas situações para entender como se articula a busca de autonomia nos níveis social, institucional e familiar.

## NO NÍVEL SOCIAL

Na história brasileira, inúmeros foram os movimentos que buscaram concretizar seus espaços de vida. Movimentos como os dos povos indígenas, que de múltiplas formas, ante o massacre dominador, caminharam procurando concretizar uma "terra sem males", isto é, uma terra onde pudessem viver em liberdade e se articular como sociedades autônomas. Passados mais de quinhentos anos, seguem emergindo seus gritos, afirmando que, por menor que seja um povo indígena, ele possui o direito de se autodeterminar. Basta ver essas reivindicações para perceber como a sociedade trata com indiferença a luta pelo direito desses povos, especialmente a luta por terra, saúde, educação, e até por água.

Outro forte grito pela autodeterminação tem sido o do povo negro. Isso desde os primeiros dias da escravidão. Inúmeras foram as revoltas, especialmente as dos quilombos, construídos com uma organicidade própria, proclamando a autonomia e a independência diante do poder colonizador e escravocrata, tanto na esfera política e econômica como também na religiosa.

É possível enumerar vários movimentos que proclamaram sua autonomia.[1] Dentre eles, vamos nos ater a alguns ocorridos no final do século XIX e início do XX. Com a chegada do capitalismo agrário no final do século XIX e o processo de reforma profunda na Igreja Católica, os sertanejos que viviam em simbiose com os coronéis e detinham a hegemonia da produção religiosa perderam seus referenciais. O coronel era padrinho dos filhos do peão, as famílias se mesclavam. Havia um contrato de apadrinhamento. O coronel se comprometia a proteger o peão e sua família e, em contrapartida, o peão prometia fidelidade e trabalho a seu "dono". A chegada do capitalismo agrário rompe essa estrutura e estabelece novas relações de trabalho. As relações passam a ser de patrão/empregado, sem um compromisso além do trabalho. Essa mudança cria um desencantamento, pois o sertanejo sente-se sem referenciais e, por isso, desamparado.

Praticamente no mesmo período, a Igreja Católica promove uma profunda reforma, centralizando o poder no clero. Tira das mãos dos sertanejos o poder religioso e centraliza nas mãos da hierarquia. Santos foram trocados, festas foram eliminadas, os santuários foram ocupados pelos membros de congregações religiosas. Houve um desencantamento no campo religioso. O santo que era um padrinho no céu foi destronado. A simbiose foi rompida. Consequentemente, o sertanejo sentiu-se abandonado pelo protetor terreno e celeste. A incerteza, insegurança pessoal e familiar, torna-se muito grande.

É importante observar que é nesse período que surgem os grandes movimentos, procurando encantar a vida do sertanejo. Entre as organizações destacam-se especialmente Canudos e Contestado. Movimentos que proclamavam sua autonomia, atuavam com independência e passaram a gerir a própria vida. Romperam com o Estado e com a Igreja Católica e foram acusados por ambos de ser "um Estado dentro do Estado". Controlavam vastas regiões de terras com autonomia e diferentes maneiras de organizar a vida.

---

[1] Por exemplo: A Cidade do Paraíso Terrestre, Pernambuco, 1817; O Reino Encantado, Pernambuco, 1836; O Belo Monte, Canudos, 1875; Os Mucker, Rio Grande do Sul, 1875; Pe. Cícero, Ceará, 1875; Contestado, Santa Catarina, 1912; Beato Caldeirão, Bahia, 1935, entre outros.

O fato de romperem com os conceitos básicos da estrutura social estratificada inquietou profundamente a Igreja, assim como o governo. Ambos os poderes se uniram para eliminar o inimigo comum: a Igreja, no combate aos "marginais" que ultrapassavam a autonomia religiosa tolerada; o Estado, na repressão armada contra os "rebeldes" que questionavam a ordem social. As autoridades estabelecidas veem seus alicerces ruírem. Não suportam isso e utilizam todos os recursos, até eliminarem por completo os "opositores". A força desses movimentos foi impressionante. Mircea Eliade (2019) afirma que nessas condições emerge uma força que "só o extremo desespero pode suscitar". Poderia também se afirmar: manifesta-se uma força que só a autonomia pode suscitar, a partir da potência individual e coletiva, que emerge da necessidade de se reposicionar na sociedade. Essa atitude faz surgir o conflito, porque são forças distintas que se confrontam: de um lado, Estado e Igreja; de outro, os sertanejos. As organizações sertanejas procuravam garantir a vida com todas as implicações, enquanto o poder opressor, tendo em vista a expansão capitalista para atingir também seus objetivos, se impõe utilizando os mecanismos de repressão e destruição. Ao analisar os movimentos de Contestado, Canudos, Lampião, Cabanagem, Mucker, entre outros, percebe-se que eles não se deixaram cooptar pelas forças dominadoras e, por isso, foram eliminados.

Há outras formas de resistir socialmente, sejam organizadas ou não, cada qual com seus objetivos específicos, dentre as quais se destacam os "guetos" de jovens, expressões religiosas alheias à hierarquia, os movimentos sem-terra, sem-teto, entre outros. São maneiras de resistir, protestar, "fugir" ou proclamar a autonomia e transformar a sociedade. Criam linguagem própria, articulam uma visão de mundo, aspirações e anseios que dão organicidade ao grupo e definem a identidade. É importante perceber que não há passividade ante a organização social excludente, e também analisar e detectar até que ponto são organizações saudáveis. Isso porque inúmeras delas procuraram se autoafirmar como alternativas sociais e não passaram de legitimadoras da estrutura vigente; romperam com um modelo de identificação, mas criaram um novo modelo massificador, que exclui os que não entram na sua nova padronização.

A história tem demonstrado que muitos movimentos foram diluídos pelo fato de serem cooptados pela estrutura dominadora. Vale ressaltar que não é o caminho do sectarismo ou do fanatismo que garante mudanças profundas e a autonomia de um movimento. É possível crer que existem inúmeras possibilidades alternativas na sociedade, além de se deixar englobar, cooptar, fugir ou se atribuir uma "verdade absoluta", como o único caminho possível para articular a vida.

É preciso elaborar e articular as diferenças. Não dá para afirmar que as coisas são prontas, acabadas; são mutáveis, porque a vida é dinâmica. Nada é permanente, o que significa adquirir a sabedoria da incerteza. Mesmo na incerteza é possível articular a vida. A convivência social é conflitiva, pois são inúmeros os interesses que estão em jogo. Cada organização social procura se autoafirmar, autorregular, mas em uma sociedade doentia isso é perigoso. Como afirma Reich (1993): "Nenhum outro ponto da minha teoria pôs em perigo o meu trabalho e a minha existência tanto quanto a minha afirmação de que a autorregulagem é possível, está ao alcance da mão, e é universalmente exequível".

Inúmeras questões permanecem. É possível constatar que haverá avanço se a questão for a defesa da vida do planeta que está ameaçado, não só a do ser humano. É possível transformar se for articulada a vida em todas as direções.

## NO NÍVEL INSTITUCIONAL

Dentro desta reflexão, procurando construir uma sociedade saudável, destaca-se o papel das instituições na relação com a autonomia. Na organicidade das inúmeras instituições, a questão da autonomia quase não tem espaço. Muitas vezes, por se julgarem detentoras da "verdade", por excelência, o diferente não cabe em suas estruturas. As leis, normas e dogmas são considerados universais e inquestionáveis. Essa lógica interna leva seus membros a uma simbiose e a uma consequente infantilização. Para se "dar bem" é preciso manter a simbiose. A estrutura não suporta o diferente, pois utiliza de todos os recursos para cooptar e, quando não é possível, excluir. Para massificar cria um processo de recrutamento e educação que visa mais "formatar" do que desencadear um processo de construção da identidade. Nesse sentido, o processo de formação interna reforça a simbiose primeira, isto é, apenas transfere a dependência para outra "mãe".

Os resultados dessa simbiose são muito sérios, por gerar nos seus quadros uma imaturidade como seres humanos. Isso se observa nas relações infantilizadas, com preocupações alheias à dinâmica das inter-relações em cada realidade. Não há uma percepção do real. As relações se dão pelo ideal, mas, como ninguém o atinge, a grande maioria das pessoas é frustrada e fica estagnada, isto é, sem metas e perspectivas de vida, cumpridora de tarefas, mas sem nenhum entusiasmo pela vida.

O processo de formação interna é eficiente para impedir a autonomia. Claro que existe uma realidade familiar anterior de cada pessoa, mas, sem dúvida, nesses espaços também os princípios, muitas vezes patológicos, possuem muita força. A escolha de uma instituição tem muito a ver com a influência dela no ambiente familiar. É importante ressaltar que, dentro de inúmeras instituições, se fala daquilo que na realidade não se quer que aconteça: "Lute pela vida, verdade, direito, liberdade, autonomia", mas, quando esses caminhos se abrem, emerge o medo do alcance e de se perder o controle; então, deve-se neutralizar isso. O imprevisível, o natural, o mutável têm pouco espaço. Às vezes, propõe-se dar respostas universais para tudo, mas é possível perceber que na dinâmica concreta da vida isso não funciona.

É muito difícil ou impossível conquistar a individualidade dentro do modelo das instituições de mercado, porque a articulação interna se dá no sentido de defender o "projeto maior" institucional, valorizando a vida da instituição e não do indivíduo. Sem dúvida, alguns membros e organizações abrem brechas de vida centrada no ser humano, atuam focadas no direito à autonomia, por isso revelam o ser saudável. Por outro lado, porém, há situações em que se busca uma fusão entre os membros, isto é, um útero quentinho em que se possa permanecer, mas que com o tempo se torna desconfortável porque já passou da hora de nascer, e até da hora de engatinhar, e é hora de ficar de pé e caminhar. Infelizmente muitas organizações emergiram no nível social proclamando a autonomia e, por essa razão, romperam com as instituições anteriores; porém, na prática cotidiana, continuam construindo a massificação das pessoas, alienando-as delas mesmas.

Sempre há possibilidades de potencializar as pessoas, pois, enquanto há vida, há possibilidades. Sem dúvida, é preciso romper a simbiose, com a qual a autonomia e, consequentemente, a vida não emergirão.

Pelo fato de os membros das instituições terem uma fraca identidade, a influência estrutural é muito grande. Dentro disso, um caminho saudável não é buscar a adaptação, mas sim uma nova postura de vida. Aprender a lidar com a diferença romperá a lógica da estagnação e da culpa, rumo à responsabilidade.

## NO NÍVEL FAMILIAR

Outro espaço em que os bloqueios se estabelecem, impedindo a individualidade, é o familiar. Inúmeras são as formas de como isso se dá. O que se constata é que a família atribui papéis aos seus membros e faz o possível para não quebrar o jogo. Necessita do jogo para manter o "*status* social", não importa de que classe social seja. O processo de individualização no ambiente familiar não é aceito com tranquilidade e, em grande parte, é impedido. Deve-se ser "igual", o diferente incomoda. Na microestrutura percebemos que a vida emerge pelas exceções, não pela lógica da identificação. A massificação da macroestrutura se reproduz na microestrutura. Claro, não se pode esquecer de que para chegar à identidade, à individualidade, à autonomia, em algum momento, é necessário passar pela indiferenciação, pela assimilação de um modelo, para então se poder criar e desenvolver a própria especificidade pela diferenciação. Nesse processo, como já foi mencionado, a família tem um papel indispensável para se atingir a autonomia na interdependência; daí resulta o ser saudável, que assume responsabilidade consigo mesmo, com a família, com as instituições e com a sociedade.

É no processo de busca de autonomia que se dá a saúde, porque é dentro do processo dialógico da vida que ela se revela. Mas é essencial considerar que os rumos são imprevisíveis. A única coisa previsível é a saúde, se o processo fluir. Isso comprova a afirmação: "A normalidade não significa saúde". A saúde emerge da dialógica vital em todos os sentidos.

Cabe recordar a afirmação de Reich (1995), que se contrapõe às práticas educacionais autoritárias, quando afirma que a educação "é a única esperança real que o homem tem de dominar um dia a miséria social", e continua: "A verdade é a mais potente arma na mão da vida". Não dá para aceitar passivamente a miséria social, o estado permanente de infelicidade e de destrutivismo; é preciso, sim, depositar as esperanças no desenvolvimento das capacidades humanas e na alegria de viver. Essa possibilidade continua fazendo emergir vida em inúmeros espaços.

A questão ideológica da sociedade permanece com todo o seu aspecto castrador, inibidor, mas, por outro lado, a busca da autonomia e da individualidade possibilita o "jogo" de papéis e o verdadeiro encontro em todos os campos. Sem individualidade, está claro, não há encontro. Encontro prazeroso, que emerge de relações saudáveis dentro do dinamismo de "se tomar, se oferecer e saber se retomar", para novamente se doar. Encher-se de luz e emitir essa luz sobre o outro. Dinamismo sem exigências de que as coisas devem dar "certo". A única certeza é a afirmação da vida.

É urgente o resgate da cultura da solidariedade para que todos possam ter vida digna. Vencer a indiferença e entender que todas as coisas estão interligadas. Todos os acontecimentos setorizados têm a ver com o universal. Seja acontecimentos de vida, seja de morte, todos são influenciados diretamente.

Entrar nessa dinâmica exige muita saúde, pois as tentativas de conquistar a autonomia são desprestigiadas e deslegitimadas. Deve-se analisar cada situação concreta, porque a autonomia é o único caminho para construir relações saudáveis no campo social. De forma nenhuma significa fechamento, sectarismo, mas, sim, abertura dialogal que tem em vista aquilo que tanto se afirma teoricamente: "Vida para todos". Então, traduzir isso no concreto e desencadear um processo de construção da identidade. A maturidade emerge da atitude de responsabilidade pela própria vida e pelo rumo da história. Enquanto não se desmamar é impossível encontrar caminhos e atuar no campo social. As inúmeras ciências nos ajudam a entender esse processo, mas não podemos esquecer que a saída é também política.

Aprender a dança da vida é a missão primordial do ser humano, como afirma a canção: "A dança é a mistura das bandeiras e o som não tem fronteiras". Daí ser indispensável valorizar os que optam e entram na dança da vida com seus ritmos e convocam todos a construir a autonomia a partir de cada biorritmo, no tempo e no espaço oportuno.

CAPÍTULO 8

# Encantar a vida

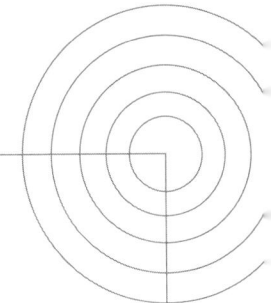

> "O conhecimento serve para encantar as pessoas,
> não para humilhá-las."
> Mario Sergio Cortella

A identidade do ser humano é a expressão do que ele apreendeu de suas relações familiares e circunstâncias sociais no processo histórico, mas é preciso considerar que o humano é um projeto permanentemente inacabado e incompleto. A construção da identidade se dá a partir da aprendizagem das narrativas significativas da tradição cultural. É importante ressaltar que as narrativas das histórias míticas e cotidianas de determinado povo visam repassar de geração a geração, de pais para filhos, as riquezas culturais julgadas importantes para a sobrevivência individual e coletiva. Há sempre, portanto, um sentido pedagógico no ato de narrar.

As narrativas, no geral, são feitas pelos indivíduos mais idosos, porque eles são considerados pelo grupo os que possuem mais sabedoria por conhecer com profundidade a cultura da qual fazem parte. Além disso, os longos anos já vividos lhes garantem experiências que as gerações mais novas, pela sua condição, não percebem o alcance. Tanto que as culturas que valorizam a tradição sentem que a morte de um narrador significa que com ele vai uma parte do saber do grupo.

A narrativa sobre os saberes acumulados historicamente se constitui em espaço de forte sociabilidade, em que as experiências individuais e coletivas são tornadas públicas, o que lhes garante legitimidade e projeção sobre os ouvintes. A narrativa não é um monólogo, mas sim possibilidade de diálogo sobre o conteúdo relatado e sua aplicabilidade no cotidiano da vida. É importante considerar que a narrativa é perpassada por fatos reais e pela ficção, porém, mesmo que o narrador traga elementos fictícios, isso não invalida a riqueza do relato, pois o que importa e se espera é, essencialmente, a adesão dos ouvintes ao ensinamento que está sendo transmitido, ainda que já tenham ouvido a história inúmeras vezes.

Outra função das narrativas é a sistematização e a transmissão de conhecimentos, por isso os textos são discursos rituais, cerimoniais, políticos, mágicos, dentre outros. Transmissão que se verifica, nos diferentes grupos, pela reunião, especialmente, no final da tarde ou em outros momentos, em posição circular para ouvir e conversar sobre diversos assuntos pertinentes à vida individual e coletiva.

Quando se olha a história da humanidade é possível observar que a narrativa esteve presente em todos os tempos, em todos os lugares e em todas as sociedades. Portanto, os pesquisadores afirmam que a narrativa começa com o surgimento da humanidade. Nesse sentido, todos os grupos humanos, em cada momento da história e contexto, foram elaborando as suas narrativas sobre os aspectos que julgavam importantes na vida.

A partir da análise das narrativas podemos dizer que, nas culturas tradicionais, o sábio reelabora e atualiza aquilo que julga importante para o grupo, inspirado na própria experiência ou na do grupo ao qual pertence. O narrador acaba sendo a fonte do saber; ele reelabora, atualiza e faz memória do que nem sempre o grupo lembra ou do que foi esquecido por ele. Nessa direção, o sociólogo Maurice Halbwachs (apud BOSI, 1979) afirma que

> há um momento em que o homem maduro [...] passa a ser a memória da família, do grupo, da instituição, da sociedade. Nas tribos primitivas, os velhos são os guardiões das tradições, não só porque eles as receberam mais cedo que os outros, mas também porque só eles dispõem do lazer necessário para fixar seus pormenores ao longo de conversações com os outros velhos, e para ensiná-los aos jovens a partir da iniciação.

A narrativa é uma forma de transmitir a experiência construída e acumulada historicamente. Por conta disso, os viajantes e os idosos têm mais competência para imaginar, construir e reproduzir histórias. As experiências acumuladas ao longo de suas vivências permitem a criação de narrativas que despertam a atenção do ouvinte e possibilitam a coesão do grupo e a compreensão do sentido da existência.

Nas sociedades mais tradicionais é possível observar a importância do uso da voz, da fala, da palavra. As sociedades, em parte, são movidas pelas narrativas dos mitos, em que as palavras encantam e dão a direção, pois evocam os primeiros tempos. Isso porque é pela palavra que os conhecimentos são transmitidos de geração a geração. Para o antropólogo Clifford Geertz (2008), a cultura é "uma teia de significações; cuja teia o próprio homem teceu e como tal o homem está amarrado, preso a esse universo simbólico". O saber foi constituído ao longo do tempo e é compreendido pelos indivíduos que fazem parte do sistema. Na mesma direção o antropólogo Roque Laraia (2001) afirma que "cada cultura ordenou a seu modo o mundo que a circunscreve e que esta ordenação dá um sentido cultural à aparente confusão das coisas". Toda transmissão de conhecimento é uma narrativa. O que as difere é a forma como cada cultura se apresenta para o ser humano na sua busca por entendimento, explicação, compreensão e sentido, de onde ele tira suas lições e sua sabedoria. Por isso, falar, narrar, contar, descrever e rememorar se apresentam como atos tão importantes como a ação de respirar e se alimentar.

Um dos grandes desafios na sociedade atual é que as mudanças ocorrem em um processo cada vez mais acelerado. Esse processo aumenta o número de informações disponíveis que, segundo os especialistas, dobram praticamente a cada mês. Uma avalanche de informações que atinge a grande maioria da população, especialmente os conectados, mas não só, pois em todos os espaços e tempos há muita produção e projeção, mas pouca assimilação das informações. Humanamente não há como absorver tudo o que se produz, porque não caberia nas horas do dia nem da semana, mês ou ano. Sendo assim, da mesma forma que as informações chegam, elas também passam.

Como já foi mencionado, percebe-se nas culturas de maior tradição que as informações passadas nos momentos formativos individuais ou coletivos sempre estavam relacionadas àquilo que era essencial para aquele grupo humano naquele momento histórico. Eram narrativas que mobilizavam e colocavam todos em posição de realizar no cotidiano o que era relevante. O relato tocava a vida das novas gerações, mas também das mais antigas, porque trazia à memória aquilo que era mais importante. Mobilizava emocional, afetiva e intelectualmente todo o grupo, especialmente para continuar fazendo aquilo que os antepassados já haviam feito. Não era uma mera reprodução, pois, além de fazer o que já havia sido feito, era preciso avançar, isto é, dar um passo na atualização atenta dos desafios contemporâneos, como também impulsionar as novas oportunidades.

As narrativas sobre as dimensões da vida impregnavam os ouvintes, porque eles passavam a conhecer. É importante considerar que aquilo que alguém não conhece é como se não existisse. Não é que não existe na realidade, porque talvez exista em algum lugar, mas só para quem tem o conhecimento. As pessoas, valores, referenciais, divindades, coisas só existem quando são conhecidos. Tudo o que não se conhece não existe; daí o desafio de passar das informações para o conhecimento e, então, abrir caminhos para chegar à sabedoria.

É urgente avaliar quais efetivamente são as narrativas mais divulgadas na atualidade. Daí se perguntar: o que é narrado com ênfase em cada área do conhecimento? O que é essencial para a formação da identidade humana na atualidade? Se ficar apenas na esfera da informação, jamais se chegará ao conhecimento, o qual nem será internalizado, não fazendo parte da construção da identidade. Toda sociedade totalitária elimina a diversidade e passa a transmitir uma única narrativa, baseada em seus interesses e objetivos, nem sempre ou pouco atenta ao coletivo. Vivemos na atualidade o esvaziamento das instituições, o que fragiliza as narrativas comunitárias; por isso, é preciso, urgentemente, resgatar o valor das instituições, pois sem elas não temos garantia da dignidade humana nem de projeção social. A maior ou menor harmonia dependerá da eficácia das narrativas sobre aquilo que está em questão. As novas gerações têm o direito de conhecer os grandes feitos das instituições por meio das narrativas para também aderirem a elas e ajudarem no encantamento da vida.

O ser humano, em toda sua história, buscou formas para encantar a vida. Em todos os tempos e lugares percebeu que sem o conhecimento não tinha como se encantar. O encantamento emerge do processo de conhecimento: quanto mais se conhece, maior a probabilidade de se encantar com as diferentes dimensões da vida, da cultura, da sociedade, da religião, da família, do lúdico, da educação. Deve-se ressaltar que o conhecimento é sempre provisório, é processo permanente e carregado de muito mistério. Mistério que os limites humanos ainda não alcançam compreender ou, talvez, nunca irão compreender. Quando as culturas tornaram alguns conhecimentos absolutos e intocáveis, infelizmente também desencantaram e comprometeram as expressões de vida. As posturas sectárias e fanáticas são a expressão das narrativas limitadas e "estreitas" que não contribuem para o conhecimento das múltiplas possibilidades que a vida oferece na sua diversidade.

É preciso estarmos atentos para que os processos educativos consigam ir além do mercado, porque, do contrário, perdem o seu foco, o diferencial e a direção. Especialmente pelo fato de se conformar com as informações e trilhar o secundário da vida, se assim for, não encantam nem envolvem. Se as narrativas estiverem focadas no essencial da vida, resultará na busca das múltiplas razões e possibilidades de concretizar os sonhos e, sem dúvida, seguir sonhando. O encanto não está na efetivação plena do sonho, pois talvez ele não se realize, mas sim na força do processo. A narrativa que faz fluir o processo educativo integral já encanta e envolve. As narrativas das diferentes tradições culturais e religiosas têm muitos tesouros a oferecer para que cada um, individualmente, assim como também em conjunto com a sociedade, revitalize a identidade e o sentido da vida.

O encanto emerge da articulação das diferentes dimensões do ser humano, isto é, a partir de sua integridade, que é uma construção coletiva. É necessário desencadear e construir a cultura da solidariedade, entendendo que a luta para ser incluído não é suficiente. A solidariedade parece não ser tão natural no ser humano como se afirma teoricamente; requer conversões penosas, sofridas, generosas e uma aprendizagem constante. O caminho para potencializar e encantar a vida é o despertar contínuo para a dignidade de sujeitos e protagonistas de sua história, ser sujeitos-cidadãos. E ter sempre como meta o envolvimento das diferenças, para fazer com que, aquilo que parece impossível, se torne possível. Mas, infelizmente, muitas culturas tradicionais vão perdendo espaço para outras narrativas, especialmente pela imposição da mídia, com suas estratégias de narrativa "curta", usando, para isso, o visual acabado, neutralizando o potencial auditivo e a sua consequente imaginação.

A razão de ser da transmissão cultural é que ela corra pelas veias, saia pelos poros e transborde as ações de todos, pois, do contrário, não contagia. A narrativa que possibilita o encantamento automaticamente suscita o envolvimento com aquilo que ela propôs. O encantamento une, agrega, cria solidariedade, empatia e fidelidade àquilo que é considerado essencial em determinada prática cultural. Somente ações ousadas, com narrativas empreendedoras, contribuirão para que todos se coloquem a caminho, porque só assim será possível vislumbrar novos e encantadores horizontes.

CAPÍTULO 9

# Significar a transcendência

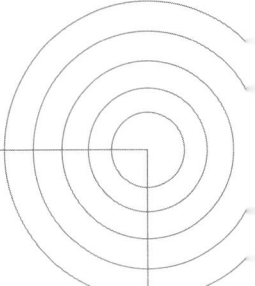

> "Ser religioso significa fazer a pergunta apaixonada
> pelo sentido da nossa existência."
> Paul Tillich

O ser humano, além das dimensões biológica, psicológica e social, caracteriza-se por ser aberto à transcendência. Transcender é a capacidade e o desejo do ser humano de ir além dos limites das coisas e instituições, é o processo de sair do estado em que se encontra para buscar algo novo. A capacidade de imaginação do ser humano, na forma de adaptar-se ao mundo, abre uma brecha antropológica, na qual se dá a transição do organismo para a pessoa humana, e é essa capacidade, a abertura para a invenção, criação e inovação, que o distingue dos animais, que o remete para o imperceptível, o inatingível, que lhe possibilita transcender os limites estabelecidos pelo seu contexto e momento históricos. Nos animais, ao contrário, constatam-se os limites em relação ao saber, porque eles não têm a capacidade de imaginação e não podem transcender o seu mundo; resta-lhes adaptarem-se e ajustarem-se às condições de cada contexto. Sobre essa diferença essencial, Rubem Alves (1988) afirma que no ser humano há "um reduto de resistência, uma parcela do eu que se recusa a socializar-se, que se recusa em aceitar como final o veredito da realidade". A não aceitação da realidade como algo acabado pelo ser humano abre inúmeras possibilidades de organização, significação e encaminhamento da vida.

Há um consenso entre os pesquisadores das diferentes áreas do conhecimento de que, por mais "antigo" que tenha sido determinado povo, sempre esteve presente na vida individual e coletiva a dimensão religiosa, em uma constante difusão nas diferentes dimensões da vida. Expressão religiosa que foi exteriorizada dentro de sistemas formais próprios de cada espaço cultural e que se efetivou em comunidades religiosas, marcadas por inúmeras circunstâncias históricas, tanto positivas como negativas. Essa dimensão tem relação com algo que está além, em que cada clamor humano exige uma resposta e, por sua vez, suscita novos apelos e novas respostas, em um dinamismo permanente, procurando dar sentido e encantar a vida humana nas suas diferentes expressões. Para o educador Paulo Freire (1999),

> o homem está no mundo e com o mundo. Se apenas estivesse no mundo não haveria transcendência nem se objetivaria a si mesmo. Mas como pode objetivar-se, pode também distinguir entre um eu e um não eu. Isto o torna um ser capaz de relacionar-se; de sair de si; de projetar-se nos outros; de transcender.

É a dimensão da transcendência do ser humano, entendida como um dado antropológico, que lhe possibilita lidar com os questionamentos que ele se faz para situar-se dentro do contexto histórico. Perguntas que inquietam e despertam para a busca de respostas; portanto, a organização e direcionamento da vida são condicionados por esse processo. Considerando a importância dessa dimensão, o teólogo Leonardo Boff (2000) afirma que a dimensão religiosa "confere um sentido supremo e um sumo valor à vida e ao universo. Por isso é a maior força de coesão social que conhecemos". A racionalidade do ser humano o leva a criar narrativas e a tentar responder as perguntas existenciais que o incomodam. As respostas apresentadas buscam dar sentido à vida e um direcionamento para a existência.

As perguntas e inquietações podem estar presas no passado, serem projetadas para o futuro ou estar centradas no presente. É essa dinâmica que irá condicionar as formas de expressões religiosas. Sobre esse processo, Paulo Freire afirma (1986) que a transcendência do ser humano "está na consciência que tem dessa finitude. Exatamente porque, ser finito e indigente, tem o homem na transcendência, pelo amor, o seu retorno à sua fonte. Que o liberta". Normalmente, as experiências religiosas têm origem nas questões que o ser humano se coloca em relação ao sentido da vida. Dessa dinâmica emerge uma proposta de ordem para superar aquilo que é entendido como caos. Claro que a ordem proposta nem sempre contempla as diferentes dimensões da vida; antes, em inúmeras situações, até atentam contra seu desenvolvimento e qualidade.

Quanto às expressões religiosas estruturadas, infelizmente, há muitos equívocos, pois na atualidade os conflitos mundiais, na sua grande maioria, ocorrem em nome de uma religião ou são fundamentados por algum princípio religioso. Isso também se dá em relação à "divinização" de modelos culturais que, muitas vezes, acabam por eliminar as diferenças e possibilidades de vida. Quando alguns modelos se apresentam como absolutos, tornam difícil a mudança, especialmente quando adquirem espaço no mercado e se apresentam com seus rituais que fascinam, envolvem e atraem adeptos. É importante ter presente que nenhuma visão de mundo é passiva, como também nenhuma expressão religiosa é neutra. Há muitos interesses que perpassam todo o processo de elaboração religiosa. A questão central é dialogar sobre esses interesses e se perguntar a quem eles efetivamente favorecem. Sendo assim, é preciso questionar as estruturas religiosas, mas não eliminar a busca incessante do ser humano no sentido de relacionar-se com o transcendente, e também aperfeiçoar a concretização da religiosidade, sem desconsiderar seu potencial.

Sendo a religião uma produção cultural, ela acaba permeada pelas contradições do contexto que a produz. Mas não dá para desconsiderar que ela auxilia no estabelecimento da ordem e exerce grande influência sobre os que a produzem. Nessa perspectiva, percebe-se que a religião agrega um valor na organização da vida e lhe dá sentido. Por isso, é necessário que passe pela racionalidade humana, para que não seja somente fruto de um ou outro desequilíbrio emocional.

Para o ser humano construir sentido na vida é fundamental crer no improvável, pois essa prática o remete a mudanças permanentes. O psiquiatra e fundador da Logoterapia, Viktor Emil Frankl (1991), escrevendo sobre a busca de sentido por parte do ser humano e tendo a experiência do campo de concentração nazista, afirma que:

> A busca do indivíduo por um sentido é a motivação primária em sua vida, e não uma "racionalidade secundária" de impulsos instintivos. Esse sentido é exclusivo e específico, uma vez que precisa e pode ser cumprido somente por aquela determinada pessoa. Somente então esse sentido assume uma importância que satisfará a sua própria vontade de sentido.

Esse processo de aprimoramento do ser humano é lento, como a lagarta que, para se tornar borboleta, se autodestrói, ao mesmo tempo que se autoconstrói em outro ser, que nada mais é que o mesmo transformado.

O pesquisador do campo religioso Edênio Valle (1986) afirma que as religiões devem ser compreendidas desde seu contexto, com suas inúmeras inquietações e possibilidades, porque

> a dinâmica psicoexistencial humana parece jogar o ser humano, das mais variadas maneiras, em direção ao que é e possui de mais profundo e próprio: o horizonte de sentido que transcende. É como se o *homo sapiens* não pudesse deixar de ser *homo religiosus*.

É o ser humano que agrega ao seu existir uma dimensão que o remete para algo que ainda não conhece, mas se põe em busca.

Para o sociólogo Roger Bastide (2006), o ser humano, mediante sua experiência de efervescência do religioso, revela-se como uma "máquina de fazer deuses", isto é, suscita o "sagrado selvagem", o sagrado não domesticado, não enquadrado nas estruturas religiosas, mas, à medida que se vai distanciando da experiência do sagrado, se torna "frio", seja pelo esquecimento, seja pela institucionalização. São as maneiras ou formas pelas quais o sagrado se manifesta, principalmente nas instituições religiosas visíveis, como templos, cultos, ritos e objetos sagrados. É o mundo do sagrado dominado, instituído, domesticado. Essa realidade de estruturação cria condições para a emergência de uma nova experiência do sagrado "quente", entendido por Bastide como "sagrado selvagem". A irrupção do "sagrado selvagem" constitui um novo ponto de efervescência religiosa. Como os estados de efervescência religiosa não são duráveis, possibilitam, após a queda do fervor religioso, o desenvolvimento da religião instituída. É preciso considerar que, sem o processo de normatização e institucionalização, a experiência não vira tradição. Sociologicamente só sobreviverá se ela se estruturar, isto é, se institucionalizar. Por outro lado, corre o risco de negar a experiência primeira, por criar estruturas que nada ou pouco têm a ver com a tradição originária.

Desencadear a possibilidade de diálogo entre religiosidade e formação do ser humano saudável é uma tarefa urgente e exige mudanças significativas de todos os que consideram suas verdades como absolutas e únicas. Por isso, para avançar no diálogo deve-se compreender a complexidade do campo religioso. O diálogo a partir de diferentes enfoques científicos poderá auxiliar o ser humano a lidar com projetos mais amplos, especialmente na defesa da vida de todos os seres e do planeta. Há questões essenciais que atingem a todos e só a partir da identificação do que efetivamente é comum será possível estabelecer algum diálogo significativo. Mas é importante também considerar que será no processo do próprio diálogo que se descobrirá, com maior clareza, o que é comum e essencial para a humanidade.

Tendo presente a centralidade da dimensão da transcendência na vida das pessoas e sociedades, é necessário considerar que sem sonhar é muito difícil viver. A vida por si só não tem sentido. Isso é praticamente um consenso entre as ciências na atualidade. Daí que, ou o ser humano lhe dá sentido, ou ela não o terá. Claro, as crenças do ser humano nem sempre foram compreendidas ou valorizadas pelos diferentes setores da sociedade, mas isso de forma nenhuma neutraliza a sua força e seu impacto sobre o cotidiano dos que creem e sabem por que creem, e dos que efetivamente clamam para o além da realidade. Portanto, da mesma forma que o ser humano aprende a conhecer, a ser, a fazer e a conviver, também aprende a crer.

Crer resulta de um processo educativo em que são apresentados referenciais que remetem à transcendência. Como afirma Leonardo Boff (2000),

> precisamos transformar essa dimensão da transcendência num estado permanente de consciência e num projeto pessoal e cultural. Devemos cultivar esse espaço e fazer que a sociedade, a cultura e a educação reservem espaços de contemplação, de interiorização e de integração da transcendência que está em nós.

Contudo, quando se pensa em uma vida saudável, não é possível desconsiderar a reflexão sobre o que essas divindades "exigem" do ser humano.

Os processos educativos têm de ajudar o ser humano a entrar na vida, com a capacidade para interpretar os fatos mais importantes relacionados quer com seu destino pessoal, quer com o destino coletivo. Isso porque a pluralidade presente na sociedade atual exige abertura ao diálogo em atitude de reverência, pois só assim a vida se expressará no aqui da história e abrirá novas perspectivas de vida.

Considerando a realidade humana, Rubem Alves (1988) afirma que "a religião continuará, até o fim, como expressão de amor e como expressão de medo". É louvável se as expressões de amor forem mais fortes que as de medo. Por isso também, no campo religioso, deve-se oferecer referenciais que contribuam na construção da identidade e do sentido da vida para todos. Nessa dinâmica, é preciso considerar a pluralidade cultural e religiosa que se projeta cada vez mais em diferentes fronteiras. É dessa dinâmica que emerge o sentido da vida, esperança de um povo.

O avanço na direção para melhor definir as razões e a essência dos processos educativos não se pode restringir a organizar um mutirão com os profissionais somente para "colar" frases soltas, mesmo que inspiradoras, buscando apenas espiritualizar todos os espaços. A questão vai além e, então, é indispensável planejar ações para curto, médio e longo prazo, e mergulhar nas contradições do mundo atual, procurando decodificar e decifrar a novidade em uma atitude de busca de sentido, sem abrir mão das habilidades e competências, inter-relacionando-as com a complexidade de todos os fenômenos. Deve-se também ter presente que as mudanças significativas não se efetivarão "a toque de caixa", mas emergirão como resultado de um processo que exige conversão e interiorização do que é essencial.

A razão de ser da educação saudável tem de correr pelas veias, sair pelos poros e transbordar as ações de todos os protagonistas da educação, pois, do contrário, não contagia. Portanto, cada ser humano também tem de aprender a ser e a crer. E fazê-lo não com ações petulantes, fanáticas, sectárias, querendo a toda hora convencer o outro de que seu projeto é o melhor; trata-se, em primeiro lugar, de uma ação profética que propõe as razões de ser, mas não as impõe. Essa atitude contribuirá para todos se colocarem a caminho, porque só assim será possível vislumbrar o horizonte em que serão necessários muitos, muitos, muitos outros, para dar conta de olhar as maravilhas da vida e perceber seu sentido.

Aprender a ser e aprender a transcender exige uma articulação necessária para formação integral do ser humano; esta será, então, a estrada a ser aberta, o caminho a ser traçado, o itinerário motivador, construindo a formação integral do ser humano como um projeto infinito, para que a vida seja qualificada e em abundância para todos.

CAPÍTULO 10

# Saber fazer escolhas

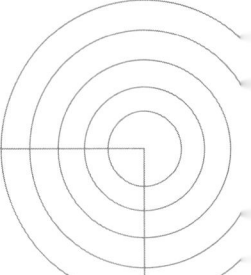

> "O melhor lugar do mundo é aqui e agora.
> Aqui onde indefinido, agora que é quase quando."
> Gilberto Gil

Uma das grandes dificuldades do ser humano é se posicionar livremente e com ética dentro de cada realidade. Mesmo quando ele acha que está com a verdade, nem sempre deixa transparecer as suas escolhas. Quando se coloca a questão da verdade é muito importante considerar o que o rabino Zalman Schachter-Shalomi afirma: "A verdade tem 360 graus". Mas também é essencial ter em mente que nós sempre vemos de um ângulo e, quanto mais estreito o ângulo, mais fundamentalista, sectária e intolerante é a pessoa. Não tem como escapar de um olhar parcial, pois só Deus vê em 360 graus. Ele é o absoluto, a totalidade. No cotidiano das relações, é muito fácil observar e considerar que, quanto menor for o ângulo de visão de uma pessoa, mais tóxicas são as relações. E são tóxicas porque contaminam e arruínam a vida.

A reflexão sobre as escolhas nos remete a pensar a forma de se colocar no mundo, isto é, a maneira como a vida é organizada. Sobre isso vale resgatar a ideia central, de muitas tradições culturais, que entendem que a responsabilidade primeira do ser humano é organizar o "assentamento" no mundo. O ser humano ocupa um lugar temporário, nada é definitivo, por isso não tem posse, não é proprietário, porque tudo é passageiro. Às vezes, esse assentamento é bem organizado, para que todos que vivem em determinada cultura e sociedade sejam incluídos, mas, outras vezes, o assentamento é muito mal organizado, pois cria a exclusão dos "indesejáveis", segundo os princípios e normas culturalmente criados e estabelecidos.

A missão central do ser humano é melhorar o assentamento no mundo. Daí, inspirado na tradição judaica, é possível tomar a ideia de que "o excedente de tempo gasto com as necessidades fisiológicas e com o trabalho deve ser dedicado ao *estudo*". Estudo para compreensão da Torá, tendo em vista, especialmente, descobrir e entender a melhor forma de organizar o mundo para que todos possam estar assentados. Esta é a razão da centralidade do estudo, porque o tempo é estudo, que serve também para conhecer o potencial individual e coletivo. Além disso, o estudo leva a estar gratuitamente no assentamento. Assentamento que resulta das relações que se caracterizam como o único espaço para desintoxicação de possíveis desvios.

Se o objetivo é o assentamento no mundo, aparece a questão do "lucro", que não pode levar a prejuízos amanhã, pois, senão, é desperdício de tempo. Criar escassez por desorganizar o assentamento no mundo leva a um trabalho duplo, porque resulta em perda de esforço e de tempo. O mandamento "não roubarás" é central nesse processo, pois, na maioria das relações, sempre há "roubo". Roubo que pode ser por opressão, que é a retenção daquilo que também é do outro e não há devolução, ou pode ser por saque, que é a apropriação forçada do que não pertence a certos indivíduos e sociedades e, eventualmente, pode até ser devolvido, mas fora de tempo. Daí é possível concluir que todo roubo gera perdas. Dentre outras maneiras de roubo e perdas, destacam-se quatro principais: o roubo do tempo alheio, o roubo de expectativas, o roubo de informações e o roubo de prestígio.

## ROUBO DO TEMPO ALHEIO – GERA PERDAS PARA O OUTRO[1]

O tempo alheio é roubado quando se adia uma possível resolução, quando há protelação em dar uma resposta ou mesmo quando se sabe que determinada situação é imutável e, mesmo assim, há omissão. Especialmente, quando se adia um retorno sem razão, por falta de interesse ou descaso, o tempo alheio é tomado e, em uma afirmação mais radical, pode-se dizer que o tempo é roubado. Essa é a tragédia individual do ser humano diante das trocas, inclusive no mercado, que deveria contribuir

---

[1] Esta reflexão tem inspiração no livro de Nilton Bonder, *A cabala do dinheiro* (Rio de Janeiro: Rocco, 2010), e especialmente na tradição judaica. Claro que, aqui, com o enfoque educacional, diferentemente do abordado por ele, com foco no mercado.

para o melhor assentamento de todos no mundo. Adiar ou não dar resposta revela a dificuldade de enfrentar situações constrangedoras, muitas vezes por medo de gerar conflitos ou ressentimentos. Também encaminhar para outra pessoa a possível resposta, mas já sabendo que ela não irá resolver, revela uma "pobreza". Empobrece as relações e dificulta a organização e melhoria do assentamento no mundo.

Na tradição judaica, o roubo de tempo é uma forma de atentar contra a vida. Esta afirmação baseia-se na compreensão de que o tempo pertence a Deus. Só Deus é o Senhor do tempo, e não se pode "enrolar" o outro. A indiferença em relação ao roubo de tempo tem a ver principalmente com a impunidade dos que se omitem. Ninguém é punido por roubar o tempo alheio. Mas é importante lembrar que, por ser um tipo de roubo, cria muitas perdas, às vezes irreparáveis. Isso vale desde as coisas mais simples, quando deixamos alguém esperando para uma tarefa, até as mais complexas, quando está em jogo a vida de pessoas ou de multidões.

## ROUBO DE EXPECTATIVAS – GERA PERDAS AO OUTRO E PARA SI MESMO

Quando se retém algo, o outro é privado daquilo que é seu de direito. No livro do Deuteronômio (24,14-15) verifica-se que também tem a ver com o aspecto financeiro, pois o que é do outro deve ser restituído no mesmo dia, "antes do pôr do sol". As maiores perdas de expectativas têm a ver com a criação e a divulgação de expectativas falsas, isto é, as "vãs promessas". São situações em que se promete aquilo que não pode ser cumprido e, uma vez que não pode ser realizado, gera ansiedade pelo longo tempo de espera. Isso se caracteriza como roubo do "sonho" criado no outro, ou melhor, a ilusão por algo inatingível. A atitude de querer agradar sempre pode gerar falsas promessas. Promete-se o que sabe que não será cumprido, e isso vale desde o universo familiar na educação dos filhos até os espaços profissionais e sociais.

Na sociedade atual, uma forma de roubar as expectativas são os jogos. Não é sem sentido que se chama "jogo de azar", porque significa um azar e não uma bênção para a quase totalidade dos jogadores. Quem joga tem a expectativa de ganhar, mas de antemão sabe que as chances são muito limitadas; por isso, rouba as próprias expectativas, o que sempre gera perdas de tempo, de emoções e até de recursos financeiros.

Quem cria expectativas no outro é também responsável pela efetivação ou não daquilo que foi prometido. As frustrações do roubo de expectativas, muitas vezes, são irreparáveis, pois criam danos que marcam e condicionam toda a vida. Daí emerge a responsabilidade de como se lidar com os próprios sonhos e os dos outros. É importante buscar um equilíbrio entre o ideal e o real e, a partir disso, discernir e optar pelo caminho do possível, sem, é claro, perder de vista aquilo que parece impossível.

## ROUBO DE INFORMAÇÕES – GERA PERDAS PARA OS "CEGOS"

Reter informações, isto é, omitir-se de informar o que se sabe, é um roubo. Isso vai desde as pequenas informações do cotidiano, como a indicação de algum lugar, até situações mais complexas relacionadas à forma de organizar o assentamento no mundo. O livro do Levítico (19,14) alerta: "Diante de um cego não colocarás obstáculos". Furtar-se a dar uma informação é contribuir para que o cego caia no buraco. Informar é prevenir, é antecipar, é ajudar a desviar dos obstáculos, da lama e dos buracos que a vida apresenta ou que são criados culturalmente.

Uma atitude contrária à prevenção pode colocar obstáculos diante dos cegos, como, por exemplo, vender armas para ladrões, para o crime organizado, pois, como são cegos, utilizarão de forma indevida os obstáculos; daí a corresponsabilidade de quem colocou os obstáculos e de quem os utilizou de maneira equivocada para fins ilícitos. O caminho é utilizar as informações para gerar conhecimento e ampliar o ângulo de percepção de como organizar o assentamento no mundo. Quem detém o conhecimento percebe o que os outros não conseguem ver; daí a importância de diminuir a cegueira individual e social. É essencial considerar que todos são cegos, em inúmeros aspectos da vida. Ninguém vê todas as coisas, só Deus vê na totalidade.

Compartilhar conhecimento é uma obrigação de todos que o possuem. Aquele que compartilha conhecimento não perde nada e o que recebe é beneficiado, isto é, ganha com a socialização. Quem vê mais, tem mais obrigação de passar seu saber. A retenção de informações pode criar inúmeros danos, sejam emocionais, financeiros, físicos, relacionais e espirituais. Vale também lembrar que a informação ainda não é conhecimento, muito menos sabedoria; ela é apenas a porta de entrada. Daí o cuidado com as informações em um mundo que gera a desinformação, pelo fato de o ângulo de visão ser muito "estreito", "miúdo", quando não totalmente cego à responsabilidade de organizar o assentamento no mundo. Conhecimento dá poder, mas tem de ser utilizado para melhorar o assentamento de todos no mundo.

## ROUBO DE PRESTÍGIO – GERA PERDAS PELA FOFOCA E PELAS MÁS-LÍNGUAS

Ao analisar o roubo de prestígio, o foco central deve estar na superação da fofoca e das más-línguas. Sobre isso o livro do Levítico (19,16) alerta: "Não sairás por aí contando às pessoas". Para a tradição judaica, falar mal é o pior dos crimes, porque se iguala ao crime de negar a existência de Deus. As más-línguas sempre matam: quem fala; quem ouve; e aquele de quem se fala. Quem ouve pode matar mais do que quem fala, pois não se tem como medir o alcance da interpretação e da suposta transmissão que é acolhida por aquele que ouviu. O ouvinte sempre faz suas interpretações e é influenciado, dependendo de como foi feito o relato, desde a entonação da voz, em que o que fala coloca maior destaque, até a interpretação a partir da visão preexistente do ouvinte.

Toda fofoca e más-línguas desqualificam as pessoas, por isso geram perdas irreparáveis, especialmente para a pessoa de quem se fala. É possível comparar a fofoca a uma bomba atômica, pois não destrói só no momento e no local, mas irradia suas toxinas em todo o ambiente e contamina todos que por ele transitarem. Como bomba, sempre cria a morte, especialmente dos inocentes. É difícil, e às vezes impossível, recolher os estragos feitos pelas más-línguas. Diante disso, é importante resgatar a responsabilidade das falas, porque elas nunca são neutras, sempre geram vida ou morte. Bem utilizadas, contribuem com o sopro do Sagrado, que inspira o assentamento das diferentes formas de vida no mundo.

## A SAÍDA É O *TSEDAKÁ* = JUSTIÇA/CARIDADE

Para o judaísmo, o *tsedaká* significa justiça, mas vai além, porque significa acima de tudo "justiçar", praticar a justiça, enquanto para o cristianismo o *tsedaká* é caridade, isto é, *caritas* = *amor*, a prática permanente de expressar o amor incondicional.

Na busca de saída para os roubos e as perdas, não há neutralidade, pois é preciso discernir e escolher, e a única saída é a percepção do que é justo, para então "justiçar". O *tsedaká* só é possível realizar na interdependência que se expressa: na doação em todos os níveis e circunstâncias da vida; no enriquecimento do assentamento no mundo; e na consciência de que "um pouco hoje pode realizar o que muito amanhã talvez não consiga". É para hoje, para o aqui e agora, e não para depois. Daí, quem não assume responsabilidade, aumenta o número de "cegos", pois põe obstáculos para o outro cair, para atolar-se na lama que as circunstâncias da vida apresentam.

Para assumir responsabilidade sobre as escolhas, é necessário ter gratidão, que se expressa na graça e na sapiência. Graça iluminada pelo estudo dá a sapiência, a verdadeira sabedoria, que nasce de Deus. Um Deus que não é manipulável, não é enquadrado em pequenos e estreitos ângulos, mas areja, ventila, renova os espaços de assentamento no mundo. O *tsedaká* é a conscientização do valor do outro, que é a *dádiva* = dar de Graça. É a atitude que sempre faz transcender, ir além da situação, como afirma o Rabi Iehuda:

> A pedra é dura, mas o ferro a corta; o ferro é rígido, mas o fogo o amolece; o fogo é poderoso, mas a água o extingue; a água é pesada, mas as nuvens a carregam; as nuvens são fortes, mas os ventos as dispersam; o vento é forte, mas o corpo a ele resiste; o corpo é forte, mas o medo o arrebenta; o medo é forte, mas o vinho o espanta; o vinho é forte, mas o sono o conquista; a morte é mais poderosa que qualquer um destes, porém o *tsedaká* redime a morte (apud BONDER, 2010).

O *tsedaká* redime até a morte. É terapêutico, pois gera saúde na sua integridade. Na tradição judaica e cristã, encontra-se na própria casa, e vai além, porque está situado embaixo da cama. Quer dizer, no mais íntimo do íntimo de cada ser. Daí não dá para fugir das escolhas, negar essa realidade e, quando não pior, jogar terra ou uma "pá de cal" sobre o tesouro debaixo da cama. É importante repetir: "O tesouro está debaixo da cama", ele não está fora; por isso, vale considerar que "melhor nada fazer do que transformar algo em nada". Uma pena se for assim, que o nada fazer crie menos danos do que transformar as ações, as concepções, os trabalhos em nada. Mas o *tsedaká* é mais forte, pois redime até aquilo que é mais difícil de lidar, com o impossível, ou com aquilo que parece impossível, porque é importante não esquecer: a prática da justiça e do amor redime até a morte.

A partir desta reflexão, confirma-se a importância do estudo, pois o respeito ao outro é movido por ideias pertinentes, coerentes e convincentes. As atitudes que superam o roubo humanizam a pessoa e os que estão à volta dela. Nesse processo, o sentimento de compaixão não é suficiente; deve-se superar o disfarce, as maneiras de burlar a realidade, encarando-a como ela se apresenta, para que ocorra o verdadeiro encontro. É visível que pessoas desintoxicadas reinventam as relações. Para isso, é necessário ser, pois, como afirma Fernando Pessoa: "O que é ignorado não existe. O que é eterno também não existe". Para existir é preciso conhecer, encantar-se e envolver-se na dinâmica do desce e sobe da vida. Nesse caminho, é indispensável considerar o que se afirma no senso comum: "Se você está tranquilo é porque está mal informado". As relações não são tranquilas, os conflitos emergem, pois se deve considerar que o pensamento sabe, mas é o olhar da verdade que decide. Este é o caminho do pensamento ao coração, e que muitas vezes é muito longo, mas possível.

CAPÍTULO 11

# Revelar o ser saudável

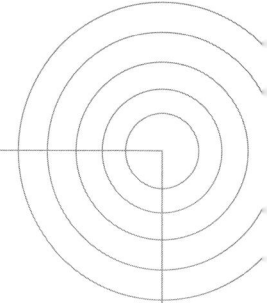

> "Não é sinal de saúde estar bem adaptado
> a uma sociedade doente."
> J. Krishnamurti

Os processos educativos, nos diferentes espaços, devem continuar empenhados para a gestação do ser saudável, para que assim cada pessoa possa ser uma Boa Notícia para os outros e para a sociedade. A Boa Notícia nasce do conhecimento da condição humana, que abre para o encantamento e o envolvimento de todos os indivíduos e culturas nas suas diferenças. Tal é a importância da saúde que, nos diferentes espaços e momentos, se afirma: "Tendo saúde, o resto se dá um jeito". Claro, porque sem saúde é muito difícil dar um jeito na vida. Saúde que resulta da harmonia entre as diferentes dimensões da vida, como também da aprendizagem de como lidar com os próprios limites.

No campo da saúde surgem muitos desafios na vida, pois, para que ela seja saudável, não significa criar um padrão idêntico para todos. Como afirmam muitas pesquisas: "Basta tratar todos com igualdade para criar desigualdade". Na prática, os processos educativos deveriam potencializar a heterogeneidade, tendo em vista, sim, uma homogeneidade em torno de projetos comuns que favorecessem a melhoria e a qualidade de vida de todos. É nesse sentido que a diferença não é problema, mas sim oportunidade. Ser estranho é, muitas vezes, ser "anormal", mas não basta simplesmente ser diverso e manter-se fora dos benefícios sociais. É preciso garantir a diversidade, mas também a inclusão social. Por isso, cada pessoa, a partir de seus limites, tem de ser estimulada, ter sua curiosidade aguçada para manifestar sua criatividade e, assim, expressar seu ponto de vista no processo de organização da convivência social.

A prática educativa em muito pode contribuir para trazer à luz milhares de pessoas que, por terem algum limite na saúde, estão escondidas da sociedade, seja por suas famílias, seja pelas estruturas que inviabilizam seu aparecimento. Muito há por ser feito no sentido de não tratar as pessoas com necessidades especiais, com limites na saúde física e emocional, como se fossem simplesmente "coitadinhas", como se nada tivessem a contribuir para a melhoria e a convivência saudável na sociedade. É necessário tratá-las respeitando a sua dignidade e estabelecer redes de parceria para superar qualquer forma de padronização de um único modelo de vida individual e social. Há infinitas formas de organizar a vida, e se deve entender que o individual é apenas um deles. É necessário agir continuamente tendo como meta para a humanidade a efetivação da convivência saudável. Convivência que resulta do diálogo que considere no seu processo a verdade, como expressa a música de Caetano Veloso: "De perto ninguém é normal". E, a partir dessa realidade, seguir acreditando no potencial do ser saudável em parceria.

O processo de organização das sociedades tem de considerar a diferença, pois, do contrário, se perpetua a simbiose que resulta em relações equivocadas e doentias. Ser capaz de diferenciar-se e diferenciar os outros é uma atitude fundamental para o avanço de cada indivíduo no sentido de alcançar a autonomia. Mesmo assim permanece o desafio de não se ser indiferente às outras formas de a vida se manifestar e de considerar que sempre persistirá a insatisfação do ser humano, por suas inúmeras necessidades especiais não satisfeitas. Outro dado a ser considerado para a compreensão das diferenças e deficiências é que os indivíduos não têm a mesma trajetória histórica, como também não irão seguir na mesma direção. Cada ser tem um tempo, um ritmo, um jeito, que resulta do seu processo permanente de assimilação, interação, elaboração e construção da vida.

Para buscar o ser humano saudável, primeiro é preciso reconhecer que ele está doente e não está desenvolvendo as suas potencialidades. Para acertar o caminho deve-se acertar também as perguntas: quais são as perguntas que movem o ser humano? Por que ele vive a patologia, se foi criado saudável? As perguntas benfeitas são as que darão o direcionamento rumo à saúde, porque são as perguntas que irão auxiliar no estabelecimento dos itinerários de vida. Se a pergunta for equivocada, o itinerário levará por caminhos tortuosos e consequentemente à "perdição". Na passagem da patologia para o ser saudável, há inúmeras armadilhas que o emocional traça. Por isso só o emocional, a boa vontade, não são suficientes. É indispensável entender o ser humano, a partir de sua racionalidade, considerando suas diferentes dimensões.

Uma das perguntas que emergem constantemente é: por que os "doentes" têm tanta dificuldade de optar pela saúde? Por que eles não buscam uma saída? Esses limites têm a ver com a transmissão da cultura, como aponta um relato da sabedoria oriental, registrado por Osho (1995):

> Uma vez um homem feriu a perna e lhe ensinaram a andar de muletas. Essas muletas lhe eram muito úteis, tanto para andar como para muitas outras coisas. Ele ensinou toda a sua família a usar muletas e elas se tornaram parte da vida normal. Ter uma muleta ficou sendo parte da ambição de cada um. Algumas eram feitas de marfim, outras com madeiras nobres, outras ainda enfeitadas com ouro. Escolas foram abertas para treinar a comunidade no seu melhor modo de uso, cadeiras de universidades receberam doações para tratar dos aspectos mais elevados dessa ciência. Pesquisavam o lugar das muletas na organização da vida e a melhor forma de utilizá-las.
>
> Umas poucas pessoas, muito poucas, começaram a andar sem muletas. Isso foi considerado escandaloso, absurdo. Além do mais, havia tantas utilidades para as muletas... Algumas replicaram e foram punidas. Essas poucas tentaram mostrar que uma muleta poderia ser usada algumas vezes, quando necessário; ou que os muitos outros usos das muletas poderiam ser resolvidos de outra maneira. Poucos ouviram.
>
> A fim de superar os preconceitos, algumas das pessoas que podiam andar sem esse suporte começaram a se comportar de forma totalmente diferente da sociedade estabelecida. Ainda assim, permaneceram poucas.
>
> Quando foi descoberto que, tendo usado muletas por tantas gerações, poucas pessoas, de fato, podiam andar sem elas, a maioria "provou" que elas eram necessárias. Aí disseram: "Aqui está um homem – tentem fazê-lo andar sem muletas. Veem? – ele não consegue!".
>
> "Mas nós estamos andando sem muletas", lembraram os que andavam saudavelmente.

"Isso não é verdade; é meramente uma fantasia de vocês", disseram os aleijados. Afirmaram isso, porque a essa altura eles estavam também ficando cegos – "cegos porque não podiam mais ver".

É possível constatar que as tradições culturais exercem grande força sobre o conjunto da sociedade. Vale analisar qual é a sua função – quando as muletas são úteis e quando não – e, então, ver se a reprodução gera facilidade ou impede o desenvolvimento integral da vida. Toda cultura tem seus limites e barreiras que impedem o fluir da vida. Sobre essa dinâmica, vale também lembrar a afirmação do teólogo Paulo Suess, quando diz que "a maior utopia do ser humano é estabelecer a reconciliação entre cultura e natureza". Está claro que a ruptura entre essas duas dimensões arruína e compromete o desenvolvimento saudável do ser humano. Isso não descaracteriza a importância da cultura, pois ela tem contribuído durante toda a história para o ser humano ajeitar a natureza, segundo suas necessidades, desejos, interesses, medos, sonhos, e assim facilitar a vida. Algumas vezes, o ser humano fez isso muito bem, mas em inúmeras ocasiões também se equivocou, resultando em patologias que geram morte. Saber discernir o que efetivamente é essencial, quando usar muletas ou não, exige do ser humano o desenvolvimento nas diferentes dimensões da vida.

O ser humano caracteriza-se como um ser inacabado e insatisfeito. Essa realidade o impulsiona a transformar o mundo segundo suas necessidades, desejos, interesses, preocupações e sonhos. Para adaptar-se ao mundo, ele cria permanentemente sistemas culturais como um jeito de organizar a pertença social e superar os limites. Sendo assim, cada sociedade é o resultado da elaboração de sistemas culturais como resposta às inquietações presentes em cada contexto e tempo. Desse processo surgem normas, princípios, *scripts*, papéis, que determinam o jeito de ser dos indivíduos e das sociedades. As sociedades, ao se estruturarem, definem que, para alguém se "dar bem", necessita assimilar as normas estabelecidas e aprender as regras de comportamento. Os que "melhor" souberem lidar com o estabelecido, terão a probabilidade de saírem na frente. Mas, os que não assimilarem as regras do jogo, de antemão ficarão de fora ou serão expulsos, em um ou outro momento da dinâmica social.

Os detentores do poder definem quão "normais" são os indivíduos, grupos e instituições que se comportam dentro do estabelecido, isto é, os que seguem aquilo que é apresentado como sendo o correto. Os que organizam a vida de outra forma são considerados "hereges", "anormais" e, por não estarem sintonizados com a suposta verdade, "fora da lei". Os "anormais", no geral, também tentam impor suas normas, mas, pelo fato de não conseguirem convencer a maioria da validade de suas propostas, permanecem excluídos.

A aprendizagem das regras torna-se indispensável para alguém se sentir incluído socialmente. Quanto mais o indivíduo for capaz de assimilar as regras, testá-las na prática se são úteis ou não e, posteriormente, ir criando um jeito próprio de atuar, tanto mais saberá driblar os improvisos resultantes do dinamismo da vida. Isso não significa que as ações, normas e regras desenvolvidas a partir da flexibilidade criativa estejam fundamentadas em princípios éticos, pois a forma de estruturar a sociedade pode privilegiar apenas um grupo em detrimento da grande maioria das pessoas. É preciso ter presente que a invenção cultural é a produção de um grupo particular marcada pelos seus interesses e contradições. São sistemas culturais que podem transformar-se em um etnocentrismo extremamente excludente das diferenças, porque buscam impor-se globalmente.

Tendo presente inúmeras questões em relação ao ser humano e às culturas, o pesquisador Paul MacLean (1990) aponta luzes para uma saída a partir da pesquisa da evolução do cérebro. Afirma ele que o ser humano é dotado de três cérebros – o reptiliano, o límbico e o neocórtex –, mas não separados, sendo uno e trino, "triúnico". O cérebro "triúnico" de MacLean remete a uma visão evolucionista, ao considerar que o ser humano é resultado de uma evolução de bilhões de anos, ultrapassando várias fases no seu desenvolvimento, que fizeram dele um ser "superior", com pensamento abstrato e racional, consciência, inteligência e cultura.

Pensando no ser humano saudável, é muito importante olhar para cada um dos cérebros apontados por MacLean:

- *Reptiliano:* é a menor parte do cérebro. É responsável pelas chamadas inteligências básicas e essenciais de conduta de rotinas e rituais, como, por exemplo, o sono, a digestão, respirar ou assegurar o batimento cardíaco. Desempenha um papel importante no estabelecimento de território, reprodução e dominação social. O objetivo desse cérebro está estritamente ligado à sobrevivência real e à manutenção do corpo. São ações dominadas pelo instinto, feitas mecanicamente, mas que recebem mensagens do límbico e do neocórtex. É o cérebro básico comum a todas as formas de vida, com a função de garantir a sobrevivência da vida de seu portador. Responde por condutas inconscientes e automáticas, não importa se de sangue frio ou quente. MacLean afirma que esse cérebro, como sendo primário, surgiu juntamente com a vida, ainda aquática, há cerca de 3 bilhões de anos.

- *Límbico*: o cérebro límbico, o segundo a evoluir, abrange os campos primários das emoções, como a inteligência afetiva e motivacional. Todas as informações são filtradas por esse cérebro antes de passar para o neocórtex. Ele é importante na associação das informações para converter em memória de longa duração, como também na recuperação da memória. Garante a produtividade, a satisfação no trabalho, bem como a aprendizagem, tanto pelas experiências comuns como pelo estudo sofisticado, buscando guardar cada informação que recebe. É o cérebro que ajuda a selecionar da memória o que foi armazenado como marca emocional e o associa a eventos para que tenham a possibilidade de ser recuperados. Ele entra em ação em situações que despertam sentimentos como o amor, a satisfação, o medo, a piedade, a ira ou a indignação, ou seja, pode recuperar uma carga muito grande de emoções. Como estabelece vínculos entre emoções e comportamentos, serve para inibir o reptiliano, que centra suas ações nos rituais e hábitos. O límbico também está ligado a ações primárias relacionadas a alimentação e sexo, especialmente se têm a ver com o sentido do olfato, a necessidade de união, ações relacionadas à expressão e a mediação das emoções e sentimentos. Os sentimentos protetores e de amor são complexos e ocupam lugar central no sistema límbico. Como o límbico é comum a todos os animais de sangue quente, exerce a função de estabelecer relações recíprocas. Segundo MacLean, por isso, é possível estabelecer relações afetivas entre animais diferentes; inclusive, o ser humano pode ser amigo do gato, do cão, do rato, do pássaro, menos da barata, que é de sangue frio. MacLean diz ainda que, no processo evolutivo, esse cérebro deve ter surgido em torno de 70 milhões de anos atrás, especialmente com a passagem da vida do mundo aquático para a vida terrestre.

- *Neocórtex:* é o cérebro maior e mais evoluído. É responsável pela racionalização, pelo pensamento lógico e formal; portanto, possibilita a noção de tempo e espaço, a noção de passado, presente e futuro, isto é, a noção de história. Responde pela linguagem e pela escrita. É o cérebro que distingue o ser humano de outros animais; logo, é responsável pelo movimento voluntário e pelo processamento das informações sensoriais. Possibilita raciocinar e relacionar os pensamentos em forma sequencial e lógica. Esse cérebro permite que os seres humanos sejam socioculturais e tenham um papel interventivo na sociedade, do qual também é produto. A contribuição do neocórtex é indispensável na prática educativa. De acordo com essa visão, ele resulta de três etapas de evolução e é comum aos animais de sangue quente, constituindo a hierarquia dos animais que têm o cérebro "triuno". Se o instinto de reprodução do cérebro reptiliano interatua como a atração sexual do sexo diferente, gerando sentimentos e desejo sexual, o neocórtex permite tomar decisões diante do que propõe os outros dois cérebros. Por isso, o neocórtex regula as emoções com base nas percepções e interpretações das regras sociais. Os sentimentos de amor em relação a alguém em particular é um exemplo desse tipo de emoção. Segundo MacLean, esse cérebro teria surgido no processo evolutivo há mais ou menos 2 milhões de anos, com o surgimento gradativo da postura ereta.

MacLean conclui dizendo que, nos humanos e nos outros mamíferos mais desenvolvidos, existem os três cérebros, enquanto os outros animais de sangue quente possuem o límbico e o reptiliano, e os de sangue frio, só o reptiliano.

O pesquisador Federico Navarro (1997), adepto dessa teoria e que nos diferentes continentes atuou na formação de inúmeros grupos focados no ser humano saudável, propõe que a saúde do ser humano resulta do equilíbrio entre esses três cérebros. Ele afirma que o ser humano, dos 100% de energia, deveria utilizar 25% no cérebro reptiliano, para garantir a sobrevivência; 25% no cérebro límbico, para estabelecer relações afetivas; e 50% no neocórtex, para racionalizar sobre a sua sobrevivência e sobre as suas relações afetivas e sociais. É uma proposta um tanto provocativa, em uma sociedade em que grande parte da energia é gasta unicamente para lutar pela sobrevivência.

Vale pensar onde cada um está utilizando o seu *quantum* de energia. Não importa em qual dos cérebros a energia estiver exageradamente concentrada, sempre criará problemas e comprometerá o desenvolvimento da vida saudável. Quem tem sua vida ameaçada, com certeza, utilizará mais o reptiliano para garantir a sobrevivência. Alguém pode utilizar mais o límbico, se as paixões não levarem em conta a sobrevivência e a racionalização. Da mesma forma, se a energia estiver toda no neocórtex, com certeza, a sobrevivência e as relações estarão comprometidas. Daí o que Navarro propõe faz todo sentido, em uma sociedade na qual muitas vezes o ser humano perde o foco, razão de todas as patologias. Para o desenvolvimento do "ser humano saudável", sem dúvida, é importante tomar uma decisão, que é inegociável.

Outro aspecto importante para o desenvolvimento do ser humano saudável é garantir o equilíbrio nas diferentes dimensões da vida, entre elas: corporal/físico, social/relacional, psicológico/afetivo, intelecto/racional, espiritual/interior, amor/fé. O ser humano saudável surgirá quanto mais a essência iluminar e der sentido para o conjunto da vida. O desafio está em pensar o que efetivamente é essencial na sociedade atual.

Na busca e no dinamismo para compreender o ser humano na sua integridade, contemplando todas as suas dimensões, para formar o ser saudável, é preciso considerar suas várias dimensões.

## CORPO/FÍSICO

O corpo é o ponto de partida para o ser humano existir e para a realização dos projetos. Sem corpo não tem o que fazer, pois o corpo sente, fala, expressa, irradia. No corpo está registrada a história de vida, por isso ele ocupa um lugar central no processo de construção do ser humano saudável. Lidar ou não com o corpo é uma decisão individual e cultural. Assumir o corpo é deixar o interior revelar-se. Cuidar da saúde do corpo é fundamental para comunicar-se, porque sem corpo não há comunicação, não há relação, não há o coletivo, que é a inter-relação de corpos. É importante destacar que em relação ao corpo não existem modelos: cada corpo é um, é uma originalidade, é uma bênção divina. Muitas instituições culturais e religiosas, para dominar e impor seus interesses, procuram engessar, aniquilar ou negar o corpo. Muitas vezes ele é entendido como "um mal necessário", "um problema a ser resolvido", portanto, deve ser submetido a regras anti-humanas. Daí a importância de superar a manipulação institucional e social, que busca negar o corpo real e apresentar um modelo; diante dessa realidade, o caminho é assumir e aceitar o próprio corpo em todas as suas dimensões. Isso exige uma forte e corajosa decisão em prol do ser saudável.

## SOCIAL/RELACIONAL

O ser humano é essencialmente um ser de relações. A identidade humana só é possível de ser construída a partir de relações, como já foi analisado. Sem relações e referenciais não há como ser humano. As relações são os momentos e as circunstâncias únicas para revelar os valores e os limites humanos, mas também são possibilidades para ser – ser gente, ser humano. Só é possível ser gente no coletivo. Individualmente ninguém se torna humano, pelo menos não da forma que conhecemos o humano até hoje. É na relação que o ser humano aprende uma forma de humanidade. Ao mesmo tempo que as relações fascinam o ser humano, elas também apresentam seus limites, pois é nas relações das diferenças que surgem os conflitos. A antropologia tem demonstrado que o diferente, quando respeitado na sua especificidade, cria estranheza para todos os envolvidos. Lidar com a estranheza nem sempre é fácil para o ser humano, acostumado com uma postura egocêntrica e etnocêntrica. Ao mesmo tempo que os limites criam conflitos, eles também oferecem oportunidades para o enriquecimento mútuo. A abertura ao diferente enriquece todos os envolvidos nas relações. Os conflitos, muitas vezes, magoam os envolvidos, daí emerge a importância do perdão. Perdoar não é negar as diferenças, as contradições, os interesses distintos, mas sim a capacidade de reconstruir e oferecer oportunidade de crescimento. É assumir compromisso de ajuda e não de culpa, isto é, olhar para a frente com responsabilidade. Não há possibilidade de vida sadia sem desenvolver a misericórdia e o perdão; portanto, perdão é compromisso de ajuda. Quem feriu o outro se abre para receber ajuda, e quem foi ferido se compromete em ajudar. Esse processo efetivamente estabelece relações enriquecedoras para os envolvidos. Sendo assim, perdão não é uma atitude superficial de um faz de contas que não é nada. As cicatrizes ficam, mas é possível integrá-las na dinâmica da vida. Isso só é possível não a partir de decisões rancorosas, mas sim corajosas.

## PSICOLÓGICO/AFETIVO

O afeto é uma dimensão fundamental do ser humano. Uma das coisas mais difíceis para o ser humano é não se sentir amado. Não sentir a experiência do amor joga o ser humano para a margem da sociedade. Não é por acaso que Madre Teresa de Calcutá, atuando no submundo da Índia, afirmou: "Morre mais gente por falta de afeto do que de pão". É uma afirmação radical de quem conheceu com profundidade milhares de pessoas não benquistas, não amadas, não vistas e, por isso, jogadas como objetos descartáveis onde só restava o lixo. A experiência de sentir-se amado encanta o ser humano e o envolve no coletivo. Diferentes culturas apontam que, se porventura alguém não se sente amado pelos humanos, a experiência de sentir-se amado por "uma força maior", de acreditar que há uma força criadora maior que transcende as organizações e instituições, seja ela chamada de Deus, Divino, Sagrado ou Transcendente, importa sim. Essa experiência é profundamente libertadora. O afeto deixa o corpo transparecer as razões da existência, pois fascina, encanta, dá leveza e sentido na vida.

Por outro lado, a falta da experiência do amor faz "amarrar" a cara. Estudos de psicologia apontam que atitudes como essa significam morrer mais cedo, morrer antes do tempo. E também a postura de vítima atrapalha a vida pessoal, grupal, institucional e social. Daí é importante considerar a libertação que a experiência do amor possibilita aos "emburradinhos", aos "amuadinhos", às eternas vítimas infantis, que não cresceram ou não querem crescer, porque também é cômodo ficar nessa atitude. A experiência de sentir-se amado e amar, faz nascer o ser adulto, o ser humano saudável, dentro de uma dinâmica real de vida, e não em uma bolha. Claro, isso exige uma decisão que, sem dúvida, é inegociável.

## INTELECTO/RACIONAL

O ser humano, dentre as diferentes formas de a vida se manifestar, é quem tem maior capacidade de raciocínio, por possuir o neocórtex mais desenvolvido; este cérebro, segundo alguns pesquisadores, está sempre em expansão, o que possibilita cada vez mais o aprimoramento humano. Portanto, é possível utilizá-lo para potenciar e qualificar a vida. Os resultados das pesquisas, das ciências, das aprendizagens interferem e organizam o mundo; muitas vezes, o qualificam, e outras, nem tanto. Vale lembrar a afirmação do filósofo Mario Sergio Cortella, já citada, de que "o conhecimento serve para encantar as pessoas e não para humilhá-las".

Sendo assim, o desenvolvimento intelectual não é para que o indivíduo se sinta melhor do que outros, nem para ser o primeiro, o mais importante, mas sim para dar o melhor de si, a partir de suas diferenças, seus interesses, sonhos, desejos, e também de seus medos e limites. Pesquisar e estudar deve servir ao coletivo, por isso não há definição de tempo nem de limites para a aprendizagem. Para efetivar esse potencial, o ser humano precisa ter desafios, metas, projetos, pois, do contrário, fica estagnado, acomoda-se e endurece suas posições, resultando no fanatismo e no sectarismo. Sobre isso Rubem Alves afirma: "Tenho medo das pessoas com muitas convicções". Foram elas que na história queimaram o diferente em praça pública, cortaram seus pescoços, enforcaram, colocaram nas câmeras de gás, fuzilaram nos paredões. O intelecto, quando mal usado ou não usado, gera a morte. Aqui vale o alerta do filósofo Jean Paul Sartre: "A vida é isso, equilibrar-se entre escolhas e consequências". Ele ainda acrescenta que o ser humano que não faz escolhas tem "má-fé", porque delega para outros as escolhas que podem comprometer a vida de milhares de pessoas.

Como foi analisado, portanto, entre os três cérebros, o neocórtex é o maior; então, cabe à geração atual utilizá-lo em prol da qualidade de vida, isto é, usar todos os recursos para formar o ser humano saudável. Por isso, vale novamente afirmar que esta "é uma escolha necessária".

## ESPIRITUAL/INTERIOR

A espiritualidade do ser humano é inata a ele, é uma dimensão antropológica que lhe transcende, sendo muito anterior e bem além da religião institucionalizada. As religiões lidam com a espiritualidade, mas, inúmeras vezes, a enquadram dentro de suas concepções e propósitos; logo, a engessam dentro de um modelo que dificulta ou inviabiliza a transcendência, pois impedem o ser humano de ir além de si mesmo. A espiritualidade possibilita uma relação de intimidade com o transcendente, e fazer essa experiência é fundamental para o desenvolvimento pleno da vida. Quando o ser humano ou as instituições enchem a sua vida de coisas, não há como transcender. Em nome da religião, da fé, muitas ações humanas tornam-se tóxicas, porque contaminam as relações, o desenvolver da vida, sendo prejudiciais, patológicas.

A manipulação da dimensão do Transcendente faz com que o ser humano atribua a Deus a sua pequenez, a sua miséria, o seu comodismo, a sua má-fé em relação ao diferente e até à própria vida. A questão central da espiritualidade não é definir quem é o Transcendente, mas sim estar sempre em busca. A definição de "transcendente" acaba por enquadrá-lo, aniquilá-lo e, por conta disso, retira-lhe o mistério. Leonardo Boff, analisando a relação do ser humano com a transcendência, afirma: "Um Deus que pode ser definido não deve ser grande coisa, deve ser uma mixaria". Isso porque, se o ser humano for capaz de defini-lo, não escapa de enquadrar Deus dentro da sua miopia ou cegueira. Só é possível entender a transcendência a partir do humano, pois muitos dos relatos sobre essa dimensão estão carregados de vícios, limites, da insignificância humana, que, muitas vezes, vê apenas a partir de sua "prisão". Qualquer relato sobre o sagrado, o divino, Deus, transcendência tem de ser relativizado, e, para entendê-lo, é preciso ver quem é que faz o relato, quais seus interesses, seus medos, seus sonhos e suas utopias. Muitos relatos sobre a transcendência nada mais são do que a projeção de desejos próprios, inúmeras vezes fora do essencial, que impedem uma vida saudável. Não há como escapar desse condicionamento. Para superar as relações tóxicas, inclusive em relação à transcendência, é necessário esvaziar-se das "tranqueiras", das "bugigangas" individuais e culturais. Quem está cheio de si mesmo, não dá espaço para o sagrado se manifestar. Essa busca é permanente e, para construir o ser saudável também espiritualmente, é indispensável tomar uma decisão inegociável e centrada na ética.

## AMOR/FÉ

São muitos os estudos que demonstram que quase todas as doenças se dão pelo fato de o ser humano não se sentir amado. O amor é a expressão humana mais sublime, pois revela a fé na vida, a crença em si mesmo, a crença no outro, a crença de que o ser humano foi criado saudável e que tem todas as possibilidades de voltar a sê-lo. Mas, para isso, é necessária uma decisão fundamental, em que a vida, nas suas múltiplas manifestações, seja o maior bem da Criação. Deve-se entender e agir com afetividade e consciência de que o sagrado não é propriedade das igrejas nem de ninguém. Ele é do coração humano, é do cosmos, por isso ninguém pode aprisioná-lo. O Espírito de Vida vem de onde quer e vai para onde quer. É um movimento permanente de ida e vinda, no qual se dá o verdadeiro encontro entre o indivíduo e a transcendência, em que ele se torna mais solidário, mais compreensivo, mais humano, mais divino. Leonardo Boff, analisando a vida saudável de Jesus, afirma que: "De tão humano, tão humano em todas as dimensões, só podia ser divino". Ele é um dos caminhos, como também os apontados por tantos outros líderes, de diferentes culturas e religiões, de que é possível "ser humano saudável", portanto, uma "centelha divina". Só que é essencial escolher.

O ser humano saudável é possível, mas para isso são necessárias permanentes escolhas e responsabilidade com as consequências. Não há receitas para efetivação da saúde plena. O que existe são pequenas orientações de quem procura cuidar-se para garantir o esvaziamento de si mesmo, a fim de que a transcendência, que vem de onde quer, vai para onde quer, atua onde quer, sopra onde quer e não se deixa manipular pelos desejos equivocados do ser humano, fechado em si mesmo ou nas suas instituições, se manifeste plenamente. Outra vez é possível afirmar: o "ser humano saudável" depende de "uma decisão inegociável" em prol da integridade da vida em suas múltiplas expressões e manifestações. Daí vale assumir um itinerário, a partir da condição humana, que deve ser construído dia a dia.

# Ainda algumas considerações finais

"O segredo da saúde mental e corporal está em não se lamentar pelo passado, não se preocupar com o futuro, nem se adiantar aos problemas, mas viver sabia e seriamente o presente."
Buda

Um dos maiores desafios do ser humano é viver o presente. Inúmeras são as situações em que ele vive um saudosismo ou um utopismo – atitude que, consequentemente, o faz virar as costas para o presente. A saudade ou a expectativa de viver o "normal patológico" significa a crucificação do ser humano, que resulta da negação do presente. Claro, é preciso entender o presente como algo não estático, mas um *continuum*, isto é, como um limite tênue entre o passado e o futuro. Para ter uma vida saudável é necessário buscar na memória o que é significativo para a vida e, por isso, discernir, utilizando os diferentes cérebros, como também trazer os sonhos do futuro para o presente e, aí, estabelecer um processo permanente de ação/reflexão, como também de reflexão/ação. Com certeza, desse processo serão ampliadas as manifestações do ser humano saudável.

É importante considerar que a organização social é uma construção humana, pois está condicionada à relevância daquilo que o ser humano cria, mas também marcada pelas inúmeras contradições e problemas que vão sendo gestados por ele no decorrer da vida. A escritora Clarice Lispector, refletindo sobre a vida, afirma: "Ter nascido me estragou a saúde". É uma verdade, porque com o nascimento entramos no mundo como se subíssemos em um palco, onde estão as regras, as normas, a definição de papéis, com o que pode e o que não pode ser feito. Por outro lado, não há alternativa, porque nascemos em determinada família, contexto, tempo, cultura, com maiores ou menores patologias, mas também com riquezas e expressões saudáveis. Estragar ou não a saúde depende das escolhas feitas, que podem ampliar as possibilidades do ser saudável.

Muito se tem refletido que a saúde do ser humano depende da saúde do planeta, mas é possível também afirmar que, da mesma forma, a saúde do planeta depende da saúde humana. Arranjar o mundo com cuidado aumenta as chances de a vida se expressar na sua integridade. Não é possível pensar em alguém isolado das outras formas da vida; portanto, todo cuidado com a vida é indispensável. Daí resulta a opção por aquilo que é essencial para a vida fluir. Reconhecer-se como parte de um todo abre frestas para que a vida se manifeste através delas. É a superação do caminho "estreito", "miúdo", para a vivência segundo uma nova forma de pensar as organizações e instituições com maior abrangência. Esta é uma aposta sempre acertada.

É também verdade que todo ser humano saudável forma outros seres humanos saudáveis. Não tem como escapar disso, pois cada um é referência para o outro, porque é assim que se forma a identidade saudável ou patológica. Disso resulta que, para formar o ser humano saudável, é essencial ter abertura, acolhida, sensibilidade, curiosidade, entusiasmo, criatividade e, acima de tudo, paixão pela vida. Nesse processo, como o olhar humano é limitado e está longe da percepção da totalidade, muitas vezes nas relações é preciso "engolir" aquilo que é secundário, para então gastar a energia no essencial, naquilo que vale a pena. Mas também não é conveniente "engolir" sapos e lagartos, ou até cobras e escorpiões, pois são muito indigestos; talvez seja melhor deixar que aqueles que os gestaram cuidem de suas crias.

A questão é que não dá para suportar plenamente o real, daí que o "engolir" se faz necessário, em certas circunstâncias, para evitar confronto, rixa e ódio, que acionam a imaginação e podem ser muito desgastantes. O fato de "engolir" aquilo que não é relevante não pode comprometer a própria saúde, porque uma atitude que leve a prejudicar a si mesmo seria intoxicar a própria vida. Claro que uma atitude de não se envolver em questões que não valem a pena pode até parecer certa "ingenuidade", mas na prática revela muita saúde emocional, intelectual e espiritual. Devem ser atitudes focadas no essencial e que irão influenciar as novas gerações, como também as mais antigas e a própria vida, na busca da saúde plena. Diante dessa opção, é importante destacar que, para sua efetivação, o caminho inegociável é o equilíbrio entre a sobrevivência, a afetividade e a racionalidade.

Para a construção do ser saudável é importante ainda lembrar "que não só de pão vive a pessoa", como aponta o escritor Patrick Clarke em *Pão e poesia* (1992). Pão como sustento, que é também moradia, terra, trabalho, escola e, especialmente, saúde e tudo mais que é indispensável para a vida fluir com dignidade. E poesia, necessária para pôr o ser humano a caminho, fazendo-o passar do lugar "estreito" para o campo aberto, onde a utopia, a esperança, a fé, o amor, a solidariedade o impulsionam para ser saudável na sua integridade.

A busca do pão de cada dia exige a poesia da organização social para transformar as patologias em saúde e fazer com que o ser humano possa, então, ser plenamente feliz, tendo a "vida em abundância". A esperança e a crença na vida, acompanhadas de efetivas ações correspondentes, serão o sinal revelador de que é possível ter uma "convivência saudável".

É preciso alimentar a esperança de que o ser humano, as instituições e as sociedades podem ser cada vez mais saudáveis. A partir dessa esperança, podemos afirmar, como a advogada e jornalista Rita Simões: "O bom da vida é se encantar... Por quem encanta a gente!". Encantar e ser encantado gera o envolvimento indispensável para a efetivação de um projeto de vida saudável em que caibam todos. Esse é o caminho inegociável.

Para concluir, vale lembrar o ditado popular que afirma: "Saúde e paz, o resto, a gente corre atrás". Essa certeza fortalece a eterna esperança de que, para efetivar esse propósito, basta assumir a condição humana e fazer as escolhas necessárias.

# Referências bibliográficas

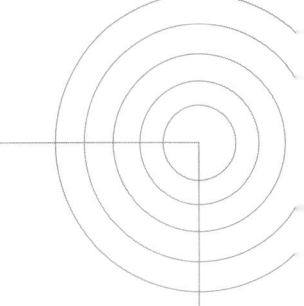

ACOSTA, Fernando T. Reflexões sobre identidade e vegetoterapia caracteroanalítica, humanizando-nos. *Energia, Caráter e Sociedade*, n. 1, ago. 1990.

ALVES, Rubem. *O enigma da religião*. Campinas: Papirus, 1988.

_____. *Entre a ciência e a sapiência*: o dilema da educação. São Paulo: Loyola, 1999.

_____. *O que é religião*. São Paulo: Loyola, 1999.

_____. *Religião e repressão*. São Paulo: Loyola/Teológica, 2005.

_____. *Transparências da eternidade*. Campinas: Verus, 2002.

AMARAL, Leila. As implicações éticas dos sentidos: Nova Era de comunidade. *Religião e Sociedade*, Rio de Janeiro: ISER, v. 17, n. 1-2, pp. 54-74, ago. 1996.

ASSMANN, Hugo. *Idolatria do mercado*. São Paulo: Loyola, 1989.

BASTIDE, Roger. *O sagrado selvagem e outros ensaios*. São Paulo: Companhia das Letras, 2006.

BAUMAN, Zygmunt. *O mal-estar da pós-modernidade*. Rio de Janeiro: Zahar, 1998.

_____. *Vidas desperdiçadas*. Rio de Janeiro: Zahar, 2005.

BERGER, Peter. *O dossel sagrado*: elementos para uma teoria sociológica da religião. São Paulo: Paulinas, 1985.

BOFF, Leonardo. *Brasas sob cinzas*: estórias do anticotidiano. Rio de Janeiro: Record, 1997.

_____. *Tempo de transcendência*: o ser humano como um projeto infinito. Rio de Janeiro: Sextante, 2000.

BONDER. Nilton. *A alma imoral*. Rio de Janeiro: Rocco, 1998.

_____. *O sagrado*. Rio de Janeiro: Rocco, 2007.

_____. *A cabala do dinheiro*. Rio de Janeiro: Rocco, 2010.

BOSI, Ecléa. Memória-sonho e memória-trabalho. In: _____. *Memória e sociedade*: lembranças de velhos. São Paulo: T.A. Queiroz, 1979. pp. 5-29.

BRANDÃO, Carlos Rodrigues. A esperança do cotidiano. *Tempo e Presença*, São Paulo, n. 229, abr. 1988.

BUBER, Martin. *Eu e tu*. São Paulo: Centauro, 2004.

CACHERO, Luis Afonso Martinez. Crise. In: FUNDAÇÃO GETÚLIO VARGAS. *Dicionário de Ciências Sociais*. Rio de Janeiro: FGV/Instituto de Documentação, 1986.

CAMPBELL, Joseph. *O poder do mito*. São Paulo: Palas Athena, 2004.

CLARKE, Patrick Joseph. *Pão e poesia*. São Paulo: Ave-Maria, 1992.

CORTELLA, Mario Sergio. *Não nascemos prontos*: provocações filosóficas. Petrópolis: Vozes, 2006.

_____. *Não espere pelo epitáfio*: provocações filosóficas. Petrópolis: Vozes, 2010.

ELIADE, Mircea. *Sagrado e profano*. São Paulo: Martins Fontes, 1999.

_____. *Mito e realidade*. São Paulo: Perspectiva, 2019.

FOWLER, James W. *Estágios da fé*. São Leopoldo: Sinodal, 1992.

FRANKL, Viktor E. *Em busca de sentido*. São Leopoldo: Sinodal, 1991.

FREIRE, Paulo. *Educação como prática de liberdade*. São Paulo: Paz e Terra, 1986.

_____. *Educação e mudanças*. São Paulo: Paz e Terra, 1999.

_____. *Pedagogia da autonomia*: saberes necessários à prática educativa. São Paulo: Paz e Terra, 2004.

GALEANO, Eduardo. *O livro dos abraços*. Porto Alegre: L&PM, 1989.

GEERTZ, Clifford. *A interpretação das culturas*. Rio de Janeiro: LTC, 2008.

HALBWACHS, Maurice. *A memória coletiva*. São Paulo: Centauro, 2006.

LARAIA, Roque de Barros. *Cultura, um conceito antropológico*. Rio de Janeiro: Zahar, 2001.

LÉON-PORTILLA, Miguel. *A conquista da América vista pelos índios*: relatos dos astecas, maias e incas. Petrópolis: Vozes, 1984.

LIBANIO, João Batista. *A arte de formar-se*. São Paulo: Loyola, 2002.

MACLEAN, Paul D. *Evoluzione del cervello e comportamento umano*. Milano: Einaudi, 1990.

MARTÍN, Eugenio Garrido. *Psicologia do encontro: J. L. Moreno*. São Paulo: Summus, 1983.

MAY, Rollo. *A arte do aconselhamento psicológico*. Petrópolis: Vozes, 2000.

MCKEE, David. *Agora não, Bernardo*. São Paulo: Martins Fontes, 1994.

MONDIN, Battista. *O homem, quem é ele?* Elementos de Antropologia Filosófica. São Paulo: Paulus, 1977.

MORENO, Jacob Levy. L. *Fundamentos do psicodrama*. São Paulo: Duas Cidades, 1984.

\_\_\_\_\_. *Psicodrama*. São Paulo: Cultrix, 1993.

NAVARRO, Federico. *Somatopsicodinâmica das patologias*. São Paulo: Summus, 1991.

\_\_\_\_\_. *Caracterologia pós-reichiana*. São Paulo: Summus, 1995a.

\_\_\_\_\_. *Somatopsicodinâmica*: sistemática reichiana da patologia e da clínica médica. São Paulo: Summus, 1995b.

\_\_\_\_\_. *Psicopatologia*. São Paulo: Summus, 1996a.

\_\_\_\_\_. *Somatopsicopatologia*. São Paulo: Summus, 1996b.

\_\_\_\_\_. *Curso de vegetoterapia e orgonomia*. São Paulo: SOVESP, 1997.

\_\_\_\_\_; DE PAULA, Maria B. Um novo brasileiro para um Brasil novo. *Energia, Caráter e Sociedade*, Rio de Janeiro: I.O.O.R./E.O.L.A., n. 3, pp. 173-175, jun. 1994.

OSHO. *Antes que você morra*. São Paulo: Madras, 1995.

OTTO, Rudolf. *O Sagrado*. Lisboa: Edições 70, 1992.

PERESSÉ, Gabriel. *Ser voluntário*: as razões do coração. Porto Alegre: Eureka!, 2014.

PIDON-RIVIÈRE, Enrique. *O processo grupal*. São Paulo: Martins Fontes, 1991.

PRANDI, Reginaldo. Religião não é mais herança, mas opção. *Folha de S.Paulo*. Especial, domingo, 26 dez. 2006.

REICH, Wilhelm. *Análise do caráter*. São Paulo: Martins Fontes, 1990.

\_\_\_\_\_. *Escuta, Zé Ninguém!* Lisboa: Dom Quixote, 1993.

\_\_\_\_\_. *O assassinato de Cristo*. São Paulo: Martins Fontes, 1995.

RIBEIRO, Darci. *O povo brasileiro*: a formação e o sentido do Brasil. Rio de Janeiro: Global, 2015.

RIVERA, Dario Paulo Barrera. Religião e tradição a partir da sociologia da memória de Maurice Halbwachs. *Numem: Revista de Estudos e Pesquisa*, Juiz de Fora, v. 3, n. 1, jan.-jul. 2000.

SENNETT, Richard. *A corrosão do caráter*: consequências pessoais do trabalho no novo capitalismo. Rio de Janeiro: Record, 2001.

SUESS, Paulo. *Culturas e evangelização*. São Paulo: Loyola, 1991.

UNESCO. *Educação para o século XXI*: relatório apresentado à Unesco pela Comissão Internacional sobre Educação – Jaques Delors, 1999.

VALLE, Edênio. *Psicologia e experiência religiosa*. São Paulo: Loyola, 1986.

VERNY, Thomas. *A vida secreta da criança antes de nascer*. São Paulo: C. J. Salmi, 1993.

WIRTH, Lauri Emilio. Protestantismo, memória e esperança. *Estudos de Religião*, ano X, n. 11, dez. 1995.

Rua Dona Inácia Uchoa, 62
04110-020 – São Paulo – SP (Brasil)
Tel.: (11) 2125-3500
http://www.paulinas.com.br – editora@paulinas.com.br
Telemarketing e SAC: 0800-7010081